春風亭一之輔

師いわく

師　春風亭一之輔
聞き手　キッチンミノル

著者近影

はじめに

2018年1月28日、私は40歳になった
——

子供のころ、40歳なんてジジイだと思っていた。私の父は40歳で頭髪がだいぶ薄かった。100人が見たら95人は「ハゲですね」と答えるだろう、立派な若ハゲだった。

それでも父はたくましかった。子沢山の農家の末っ子で、定時制高校に通いながら働き、妻と4人の子を養いながら、会社の組合・地域の自治会活動にも精力的。父の周囲にはいつも人が集まっていた。子供から見ても、周りからの信頼が厚い父。「でも」なのか、「だから」なのか、父はかなりフケていた。そしてハゲていた。私は父を好きだったが、よその親と見比べていつも思った。「僕のお父さんはジジイだ……」と。

1月28日の朝。四十になったばかりの私は洗面台の鏡を見つめた。坊主頭なので若干のカムフラージュは出来ているが、髪が伸びたとしたらあのころの父にそっくりの自分がいる。今、幼いころの私に言いたい。

「お父さんはな、頑張ってるからフケてるんだよ！　一生懸命生きてるからハゲてるんだよっ!!」

思いきり拳を握ると、冬のこと、親指の先のひび割れが裂けて血が滲んだ。

二日後の1月30日の朝。カメラマンのキッチンミノル氏が我が家を訪ねてきた。ヘラヘラ笑いながら開口一番、「『四〇にして惑わず』って言いますよね？　やっぱ、もう惑わないかんじですか？(笑)」と軽口を叩く。コーヒーミルを回しながら、私は極めて紳士的に

用件を急かす。

一之輔「……で、ご用は何ですか？」

キッチン「人生相談とか、ちょっとやっちゃいますか？（笑）」

一之輔『人生相談』とは、『ちょっとやっちゃう』ようなものではないのでは？」

キッチン「（無視して）ほら、一之輔さんってたまーにもっともらしいこと言うじゃないですか？　そんなかんじで答えてもらえればオッケーですんで!!」

私が世の中で一番嫌いなのは『物事に軽薄』であることだ。この男はそれを体現している。だが、彼とも長い付き合い。悪気はないのはよく分かる。ただ『人生相談』なんてたいそうなことが私に出来るのか……。

ふと二日前にできた親指の傷に目を落とす。まだ赤く染まり痛みが残り、ふさがる気配はない。絆創膏がほしい…。絆創膏。絆（きずな）を創る、膏薬。そうか、絆創膏は傷口を癒すだけでなく、『絆を創る』のか……。

私も四十になり、昔の父のように他人に親身に寄り添い『絆を創れる』だろうか。「男はキズパワーパッドたれ！」そう父に言われたような気がした私は、キッチンミノルに答えた。

「じゃあ、やっちゃうかっ!?　まー、だいたいでいいんだろうっ!!（笑）酒呑みながらでOKなら、話だけは聞くわーっ!!」

これから始まる人生相談モドキ。文句があるなら孔子様に言ってくれ。「四〇にして惑わず」？　冗談だろ？　こっちは惑いっぱなしだよ!!

春風亭一之輔

もくじ

01

同僚が私の真似をします

某月某日20時30分、高座を終えた一之輔師匠と神保町駅で待ち合わせ。『師いわく』最初の打合せのため、予約していた居酒屋へ向かった……。

キ　いよいよウェブ新連載『師いわく』の第1回打合せのはじまりということで……これからよろしくお願いします!

師　……この飲食はもちろん経費ですよね、高成さん?　じゃあまずは「刺身五点盛り」を。

タ　ええ、まあ……(苦笑い)。楽しい連載となることを期待しています。

師　まぁ、なんでも聞いてよ。世の中のことは大体わかっているつもりだからさ。

キ　ありがとうございます!　……師匠は先日40歳になられたんですよね。

登場人物紹介

師＝春風亭一之輔
人々から送られてきた悩みを解決へと導く教えを紡ぐ、不惑の落語家。

キ＝キッチンミノル
人々からの悩みを師に訊ね、師の金言を綴る聞き手。本業は写真家。

孔子［注1］いわく「四〇にして惑わず」なんてことばもありますが、師匠もいよいよ「不惑」に突入ということで。いやー、頼もしいなぁ。ちなみに、どのへんの質問なら得意とかってあるんですかね？

師　そりゃもう全方位です。「やかんのススのとり方」から、「電子レンジの中の汚れのとり方」まで、なんでも来い！……ですよ。

キ　得意範囲せまっ！　…ていうか、おばあちゃんの知恵袋的な⁉

師　まぁ、生まれてこのかた世の中のカスというカスを取ってきたから。

キ　人生相談をカスにたとえているとしたら、それはそれで失礼ですけど…。

師　いやいや人生振り返ってみたら、人生の悩みなんてカスみたいなもんなんだって。とはいえ、オレだけに頼られても困るのも事実。ニッポン放送だったり文春だったり、いろんなところで人生相談ってやっているから、深刻なのはそっちにお任せして、「こういう考え方もあるよ」ってくらいの軽い感じで、こっちは勘弁してもらいたい。

キ　……急におよび腰ですね。えーと、ところで、これまでに誰かの悩み相談にのったりしたことってあるんですか？

師　う〜ん…ないね。

タ＝編集の高成
裏方に徹するつもりが、うっかり会話に参加してしまう編集担当。

［注1］紀元前6〜5世紀に活躍した古代中国の思想家。儒教の祖。孔子の死後、弟子たちがその言葉をまとめたものが、「子のたまわく〜」で有名な『論語』。

キ　ない!?

師　みんな気を遣って、相談なんかしてこないよ。やっぱりオレ、忙しいからさ。

キ　いやいや、忙しいのは今だけでしょ。

師　おい！　失敬な。でも、そういえば昔からあまり相談されないなオレ。

キ　昔から……

師　真面目な話ができないと思われているんじゃないのかなぁ。

キ　真面目な話、できるんですか？

師　できるよ。ちゃんと私の目を見て判断してほしい。

キ　目ですか？（じーっと目を見て）う〜ん、疲れてますね……瞳に輝きが、ない。

師　だ・か・ら、けっこう忙しいんだって！

師に問う

会社の同僚が私の服装を真似してきます。服装を褒めてきたと思ったら、一週間後には似たような姿で現れます。服装がカブった日には周囲から「双子コーデだね」と言われ、「私のほうが先なんだよ」と腹が立ってきます。かつてよく職場に着ていったお気に入りの服は、いつのまにか休日専用の服となりました。そして今日も、ドヤ顔でファッションについてイイ女ぶって後輩に語る彼女に、静かに腹を立てています。どうして彼女は私の真似をするのでしょうか？　一之輔師匠ならこのストレス、どう乗り切りますか？

（匿名／女性）

師　……ああ、そういうの、芸の上でもあるよ。

キ　ありますか。

師　そのネタは、こないだオレが言ってたことだろ…と。ちょっとウケたことを真似して、同じようなことを言ってみたりとかするヤツね。

キ　その場合、匿名さんみたいにストレスが溜まると思うんですが…

師　ストレスは溜めない。溜まらない。

キ　溜まらない？

師　そう。手柄を取られたと思うからストレスが溜まるわけでしょ。

キ　そうですね。

師　その逆。そういうときは〝優越感〟を持つべきなんだよ。

キ　逆に優越感を⁉

師　ああ、この人はオレが言ったのと同じことを言って、そんなんでウケて喜んでんだな…と。

キ　なるほど。

師　じゃオレはその次、さらにその上を行ってやろうじゃねぇか！…と。

キ　でも、その場で笑っているお客さんは、もともとは一之輔師匠が言ったネタだということは知らないで笑っているわけですよね。悔しくはないんですか？

師　それはしょうがないよ。そのネタは確かにオレが先に言ったんだけど、オレはそのことには固執しない。もう次に行っちゃう。

キ　とどまらない？

師　なぜなら**この駅はオレの停まるべき駅じゃない**から。

キ　おお〜ッ！

師　桜台じゃないんだよ。練馬で停まる。

キ　……えっ？　……え？　桜台？　練馬？？

師　オレは準急に乗ってるからさ…みたいな。

キ　たとえ話が西武池袋線［注2］なんですか？

師　「おまえは富士見台で停まるんだろ、オレは石神井公園だから！」みたいなね。

キ　……あ〜、なぜか都心からどんどん遠ざかっている。

師　あなたの服を同僚に真似されたことによって、それはその程度のモンだったんだと思えばいいんじゃないかな。

キ　なるほど。

師　芸もそうだけど、他人が真似できないくらい飛び抜けてしまえばいいんだよ。

キ　飛び抜けちゃう。同僚のことなんてほっておいてドンドン先に行っちゃう。

師　そうそう。でも時々、あえて元に戻ってみたりしてね。控えめにオリジナルを主張してみたり。

［注2］池袋駅（東京都豊島区）と吾野駅（埼玉県飯能市）を結ぶ私鉄。

キ　戻ってもいいんですね。

師　前ばっかり見ていると、誰もついて来てないときがあるから。

キ　それは寂しい。

師　真似したい人には真似させておけばいいんだよ。悔しがらずに、それは私が最初に見つけたんだよ…っていう優越感。

キ　なるほど。

師　あなたはトップランナーだから。そのことをわかってくれる人は、どこかに必ずいる。だって開拓者のほうが偉いんだから。追随する人なんか気にしちゃダメ。ぜんぜん眼中にないぜ！…って気持ちでガンガン先に行っちゃったほうがいい。

キ　うんうん！

師　「どうせお前は北池袋で停まるんだろう？　オレは成増まで行っちゃうから！」みたいなね。

キ　今度は東武東上線〔注3〕！　それにしても、だいぶ先を走ってんなぁ……

〔注3〕池袋駅（東京都豊島区）と寄居駅（埼玉県寄居町）を結ぶ私鉄。

相談者のその後

後輩のさらに後輩まで、そっくりな服を着てカブる日が増え、ストレスも増えましたが、カブりたくない真似されたくない一心で、新しいジャンルの服に挑戦するようになりました。

この駅は オレの
停まるべき
駅じゃない

02

朝礼のスピーチが苦痛です

某月某日、神保町のとあるいつもの居酒屋で。酒はビールから日本酒に移り、お腹も満たされはじめた一之輔師匠に、これから50歳までの10年間の展望を尋ねてみた……。

キ　師匠は40歳になりたてですが、50歳までにやっておきたいこととかってあるんですか？

師　50歳までに？

キ　はい。これからの10年間で。「不惑」を迎えたのを節目に、40代の人生への展望みたいな……

師　わかんないよ、40歳になったばかりなのに今から言われても。でもまぁ、んー…そうだな。高尾山［注1］に登りたいんだよね、今年。

キ　今年!?　あ〜へぇ…、山ですか？

［注1］東京都八王子市にある山。都心から約1時間の好アクセスで人気。標高599m。

師　日本にはこんなに山があるのに、今までの人生は山とは無縁だったからねぇ……。周りを見渡せば山ばかりでしょ。国土の7割は山だというのに、今まで登ったことのある山っていったら筑波山［注2］だけだもんね。

キ　遠足で？

師　そう遠足で。2回。2回とも筑波山。だからもうちょっと山登りしたほうがいいと思うんだよ、オレも。……ということで、ひとまず高尾山から。

キ　ひ、低い……しかも筑波山よりも低い！　私が小学生のときに遠足で登るのが高尾山でした。

師　低いけど、いきなり富士山とかは無理でしょ。

キ　富士山はねぇ…

タ　高尾山には、都心が一望できる絶景ビアガーデン［注3］がありますよ。

師　ますます行きたいじゃないの。

キ　なんか不純ですね。もともと山に登りたいと思ったきっかけって、なにかあったんですか？

師　きっかけねぇ……特にないけど、みんな言ってんじゃん。「山はいいよー」って。よく聞くでしょ？　だからさ、オレも山に登ったほうがいい

［注2］茨城県つくば市にある山。女体山は標高877m、男体山は標高871m。どちらも山頂まで行けるロープウェイやケーブルカーが完備されている。

［注3］「高尾山ビアマウント」はケーブルカーの高尾山口駅から徒歩すぐ。営業は例年6月15日から10月15日までなので注意。

　いかな…って。

キ　……はぁ。

師　汗かいて、いい景色を見て、弁当を持っていったりなんかしてさ、子ども達と登ったら楽しいんじゃないかってね。そういう〝アクティブなお父さん〟像っていうのが、うちの子ども達にはないからね。

キ　たしかに一之輔師匠には、野外で活動的な姿のイメージってないですよね。運動もできなさそうだし。

師　おい！　さらっと失礼なこと言うな。

キ　いまさら、子ども達に〝アクティブなお父さん〟って思われたいんですか？

師　こう見えても元ラグビー部だぞ！

キ　……でも一年で…

師　辞めたけどさ。余計なお世話だ！

キ　あはは。

師　まぁ、別にアクティブだと思われたいっていうんじゃなくて、自然に身体の内から湧き出てきたのよ。なんか「山登りしたい！」っていう感情がさ。だから今年は山、登っちゃうよオレ。どんなに止められてもね。

キ　別に誰も止めはしないでしょうけど。

師　「やめてーッ、登らないで！　いちのすけさ〜んッ!!」って言われてもさ。

キ　…つっても高尾山ですよね。それじゃあ、高尾山の先の先の先にある、目標とする山はどこなんですか？

師　まだ登っていないのに、そんな大きなこと訊かれてもねぇ。とりあえず、まずは高尾山を攻めてからだな。

キ　じゃ今度ぜひ、高尾山で人生相談しましょうよ！

師　ヤだ。山は山!!　山に集中したい。でないと高尾山師匠に失礼。ただ、ビールは呑みたい。

キ　……いっそ山の上で痛風になったらいいんだ。

師　下山キツイな…それ。

師に問う

仕事場で朝礼があり、一言二言スピーチしなくてはなりません。

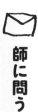

ちょっと気の利いたことばを毎日求められるのが苦痛でなりません。この状況を打破するにはどうしたらよいでしょうか？　話のプロである師匠のアドバイスを願います！

（匿名／男性）

師　朝礼？

タ　始業時に朝礼をする会社、けっこうあるらしいですよ。「朝礼や社員全体会議を通じて会社のビジョンを共有する」企業は75・8％というデータ〔注4〕がありました。

師　意味あんのかね？　そんなのやって。

キ　それを言ったら元も子もない！　なにかいい方法はないですかね？

師　んー…、いい方法ねェ。

タ　そういえば、学校の校長先生用には「365日これを言え」みたいな朝礼用のネタ集が売っていますよ。そのせいで、転校した先の校長先生が前の学校の校長と同じ〝体験談〟を話している…みたいなことが起きちゃ

〔注4〕「働きやすい・働きがいのある　職場づくりに関する調査　報告書」（厚生労働省／平成26年）より。

師　うそうです。ヤだねぇ、そういうのは。……そうそう、高校のときの校長先生は、話が短くて人気があったなぁ。小河原先生ね。

キ　小河原先生？

師　勢いがいいんだよ。運動会とかで校長先生の話ってあるじゃん？

キ　ありますね。誰も聞いてないヤツですよね。

師　そうそう。だけど小河原先生は短いの。「今日はいい天気です！　みんなの想いが通じたからだ。健闘を祈る。以上!!」……てね。

キ　あはは、いいですね！

師　かっこいいでしょ、小河原先生。

キ　かっこいいです、小河原先生！

師　ね、それでいいんだよ。言いたいことをさ、3行くらいにして。俳句みたいなもんだよ。

キ　俳句かぁ。

師　限られたことば数を設定してもいいし、言いたいことをひとつだけに決めてもいいしさ。そのなかで表現する。あいうえお作文でもいいしね。

キ　なるほど。

師　つまらなかったらつまらなかったで流れて、その日は終わり！……でいいじゃない。

キ　あいうえお作文、いいですね。

師　そういう枠を設定しちゃうんだ、自分で自分に。

キ　自分なりに枠を設定して、あえてルールで縛るということ？

師　おうよ。つまりさ、**自由すぎるって、きついんだよ。**内容だって、天気のことしか言わないとか、昨日テレビで見た桑子アナ〔注5〕のことだけに限るとか。食べたご飯のことだけとか。なんでもいいから自分で縛りを決めちゃう。

キ　なるほど。

師　「私はこれしかできません」ってさ。……笑いはなくていいです。型を設定することによって、周りも「この人はこういう人なんだな」って認識してくれるようになると思うよ。

キ　自分のスタイルを固めてしまうんですね。

師　……だけどさ、どう思う？

〔注5〕NHKのアナウンサーである桑子真帆さん。1987年生まれ。

キ　何がですか？

師　あいうえお作文を作ってまでさ。

キ　……はい……？

師　朝礼って本当に必要なのかね。

キ　…………

相談者のその後

おかげですっかり朝礼の達人に成長した私ですが、ＩＴ化が進み今度はナレッジ共有システムとやらに全社員が日頃の事柄を入力させられる事態に……社員一同ネタに困って残業です。

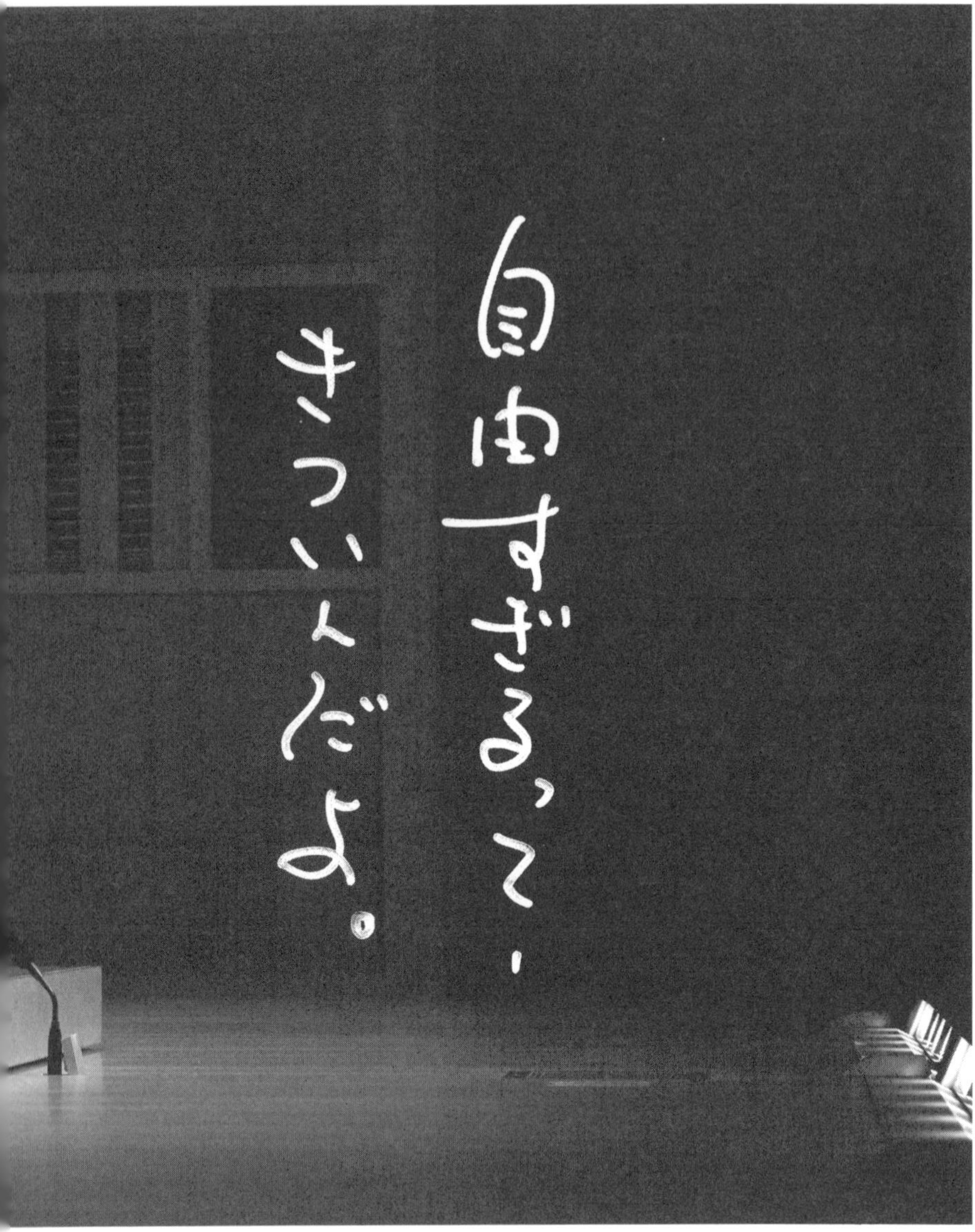
自由すぎるって、
きついんだよ。

03

自宅なのに居場所がありません

某月某日、今日も神保町のいつもの居酒屋さんで。席に着くなり、一之輔師匠が「におい」について静かに語り始めた。そして本日の質問は担当編集者の高成さんの悩みともリンクして展開していくことに……。

師　……自分のウンコのにおいってなぜか耐えられるよね。

キ　他人のはキツイですけどね。ちょっと前に誰かがトイレに入っていたなというのは、すぐわかりますから。

師　そうなんだよ。でも自分のは平気なんだよ不思議と。……なのにさ、いったんトイレの外に出てから戻ると、「くさッ」ってなるね。あれ不思議だよ。なんだろうね。外に出ると「縁が切れる」というのかな？　急に他人みたいな感じでよそよそしくなっちゃって、臭いんだよ。

キ　卒業した学校みたいな感じですか？　毎日通っていた学校なのに、卒業すると途端に行きにくくなる感じがします。

師　うーん、まぁそんな感じかな。さっきまであんなにフレンドリーだったのに、いったんちょっと外に出ただけで、戻ってみると急にね。「どちらさまですか？」みたいなにおいを出しちゃって。

キ　それ、どういう状況ですか⁉

師　ほら、流し忘れてたりするじゃない。オレさ、再会するたびに、なんか寂しい気持ちになるんだよねぇ。

キ　……〝再会〟って？

師　そう…何度も。よくあるの。

キ　いやいや、トイレの後はその都度ちゃんと水を流しましょうよ。

師　……世の中に完璧な人間なんて、いないんだよ。キッチン。

師に問う

三年間の単身赴任から帰って来ました。これからは妻や子ども達

と過ごす時間を大切にするぞと張り切っていたのですが、なんというか家に居場所がありません。食卓の席も既に決まっていたため、私の席は隅っこの、いわゆる〝お誕生日席〟になりました。そして妻子は私の知らないテレビドラマを楽しそうに観ています。私はどのように過ごしたらいいのでしょうか？

（匿名／男性）

キ　ちなみに、一之輔さんは家庭ではどうですか？　家にいないことも多いと思うんですが。

師　ウチはまだ子どもが小さいからね。家にいれば「パパ〜」って寄ってくるけどさ。これから中学高校となっていったら、どうなるんだろうなぁ。ただ、家の中では端のほうに座ってヘラヘラしてればいいかなって。

キ　たしかに師匠は、自宅ではあんまり喋らないですよね。『春風亭一之輔の、いちのいちのいちのいち』［注1］の取材で伺ったときもそんな様子でした。

師　うーん…そうね。しょうがないよねって思うよ。

キ お父さんに居場所がなくても？

師 そう。いちばん家にいる時間が短いんだもん。

キ お邪魔させていただいているみたいな感じでしょうか？

師 でも、子どもたちには「お父さんがこんだけ稼いでいるから、こんだけ飯食えて、こんだけの家に住めてるんだぞ」ってことを理解させたほうがいいと思う。データにしてさ。

キ いやいや、全然しょうがないって思ってない！「お父さんのこともっとわかって！」感がすごいんですけど。

師 ……そうだ、この方は自分主催で「お父さんお疲れさま会」をやってみたらどうだろう？

キ 自分主催？

師 「お父さんが頑張ってるから、おまえらの服が買えてっから。そのおかげで学校に行けてんだから」みたいに。言わなきゃわかんねぇからね、やっこさんたちは。

キ そうかもしれないですが、最初の謙虚っぽい発言はどこにいったんですか!? 急に話が壮大になってきましたが…

［注1］我らが師こと春風亭一之輔の毎月初日「一日」を「一年間」ずっと「一日中」、キッチンミノルが追いかけた写真ドキュメンタリー！　小学館より好評発売中。

師 ご飯とか服とか、どっかから勝手に運ばれてきてると思っているんですよ、子どもって。オレも子どもの頃は同じだったもん。いま思うとさ、子どもの頃、おふくろが内職〔注2〕していたんだよなぁ…ずーっと。ということは、ウチは貧乏だったんだなって昨日思ったの。

キ なんだか普段より話に熱がこもっている気がしたら、昨日思ったばっかりなんですね。

師 そういうのって大きくならないとわからないでしょ。

キ わからないです。僕も一人暮らしして、ようやく親のありがたみがわかりましたから。

師 そうだと思う。だからお父さんが頑張って働いてきて、そのおかげなんだよ…っていう発表会みたいなプレゼンみたいな。「お父さんプレゼン！」、ぜひ！　やりましょう。いや、やらなければならない！

キ 圧がすごい。お父さんプレゼン……!?

タ ウザがられませんかねぇ……

師 そんなことないでしょ。……ウザがられるかなぁ？

キ 私が子どもなら急になんだよとは思いますね。「お父さんはこんなに頑

〔注2〕自宅で作業ができる利点を活かし、現在でもシール貼りや値札づけ、カプセルトイの景品詰めなど、さまざまな内職があります。

張っているんだよ」って本人から言われると、子どもからしたら「いやいや、それは親の義務でしょ」みたいに思うんじゃないでしょうか。

師　……

キ　ましてや、お母さんはものすごく嫌な顔しそう……

師　アッ…そうだな、もちろんお父さんだけじゃなく、お母さんの頑張りも称えないとね。お母さんはもっと頑張っているんだから。

タ　お父さんがお母さんを称えることで、お父さんは自分のことは言わなくても「やっぱりお父さんってすごいね！」みたいな展開になったりは…

師　ない。……それはまずないでしょう。

キ　……実感がこもってますね。

タ　この質問の方と同じように、家族のなかでのポジションに悩んでいるお父さんってけっこう多いんじゃないのかなぁ。私にはわかるんです。私も似たようなものだから。

キ　…と言いますと？

タ　私も最近、残業まみれの生活を改めて、家族と過ごす時間を増やすために早く家に帰ろうと努めはじめたんですが……家ではすっかり邪魔者な

んです。

師　切ないっすねぇ〜。

夕　私が一人で晩酌していると、妻と子どもが楽しそうに私の知らないドラマを観ているわけです。この方と一緒ですよね。私も仲間に入りたいから、ここの演出はどうとかこのテレビ局はどうとか言うんですけど、それがウザいみたいで。

師　あー、ウザいウザい。

夕　この前なんかそれ言ったらテレビを途中でバチッと切られて、みんな部屋を出ていってしまって……

キ　なんか目に浮かびます。もはや私が泣きそうです。

師　それはね、**こねなくていい餅をこねている**んですよ。

キ　な、なんですか？

師　餅つきのときに、つく人と合いの手を入れる人がうまく噛み合っているのに、この人が横から手を出して、ちょっかい出してくるから、なんだコイツ？……ってなって、相手はこの人の手をつきたくなるんですよ。

夕　ううっ……ただ、かまってほしいだけなんです。

師　ちゃんと仲間に入れてほしいのなら、ちゃんとドラマを理解しないといけないんじゃないかな。それでみんなとおんなじ目線に立って、嘘でもいいから前のめりになって観ないと。

キ　なるほど。

師　業界人のおっさん視点で、この役者はああだろとかこの演出はどうとかって、夢の中にいる人にとっては本当にやめてほしいことだからね。

キ　しかも酔っ払ってる人が言うと…

師　「なに言ってんだよ！」ってなるでしょ。

キ　なるなる。

師　やっぱり仲間に入れてほしいんなら下手に出ないと。子どもだってそういうときは様子をうかがって「♪い〜れ〜て」ってやるでしょ？　友だちの名前も覚えてさ。

キ　ああ、たしかに。

師　仲間に入れてもらう側には入れてもらう側の仁義があって、上から目線や被害者ヅラをしていちゃダメなんだよ。

キ　…だそうですよ、高成さん。

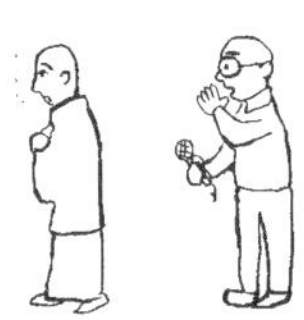

タ　……はい。

師　この方もそう。どうしたらいい?……じゃなくて、仲間に入れてもらうためには、こちらからちゃんと仁義を切りましょう!

相談者のその後

相談主からの返事はいただけませんでしたが、原作マンガではこうなんだぜ…と言いたくなるのをグッと堪えて、テレビドラマ『今日から俺は!!』を妻子と楽しみました。(編集の高成)

こねなくていい餅は.
こねるな。

04

モノが捨てられず、困っています

2018年4月5日。小学館本社にて、この新連載立ち上げイベント「春風亭一之輔×キッチンミノル 謎の新企画発表会」が開催された。講堂および隣接する会議室をぶち抜いて作られた会場に、お客さんが続々と集まってきている。楽屋にて二人でぼんやりしていたところ、編集担当の高成さんが桜餅を持って入ってきた……。

師 あっ、桜餅ありがとうございます。

タ 季節ものですからね。関西風の道明寺〔注1〕と関東風の長命寺〔注2〕、両方ご用意してみました。

師 季節は過ぎていますけどね、東京はすっかり葉桜だから。惜しいね。

キ 差し入れもらっておいて小言ですか……

〔注1〕餅米を粗くひいた道明寺粉でつくられるため、表面がつぶつぶの桜餅。

〔注2〕小麦粉などを水で溶いて焼いた皮で、あんをくるんだ桜餅。なお、長命寺の桜餅は落語『花見小僧』に登場します。

師 小言じゃないよ。事実を言っているだけ。事実を！

タ ……はい。すみません。（高成さん退室）

師 ところでさ、「謎の新企画」って期待させ過ぎじゃないの？　この企画は酒呑みながらやるぐらいがちょうどいいよ。30人くらいを相手にさ。

キ そうなんですよね……煽ればいいってもんじゃないと思うんですよね。

師 それで今日って何人くらい集まってるの？

キ ２００人くらいみたいですよ。

師 ２００人⁉　集めすぎだよ。そんなたいした企画じゃないんだからさ。

キ ……はぁ。

師 人生相談なぁ……。どうなっても知らないよオレは。文句は小学館に言ってほしいね。あー、早く打ち上げで美味い餃子食べたい。焼きそばとか天津飯とかさ。

キ いやいや、テンション上げていきましょうよ!!

会場の確認をする一之輔師匠とキッチンさん。

師　わかってないね。オレは「やるときはやる男」なんだよ。

キ　……

タ　（楽屋の扉が開いて）あのー…すみません。そろそろ開演のお時間です。

師　もう？　……ちょっと、トイレ行ってくるわ。

キ　今までさんざん行ける時間あったのに……

師に問う

モノが捨てられなくて、困っています。他人がみたらガラクタなんだけれど、コレクター心で手放したくない。でも部屋は狭いし、トランクルームを借りるお金もないんです。どーしましょう？

（匿名／女性）

キ　師匠は、コレクションしているものってないんですか？

師　あるよ。高校生のときなんか落語のテープをいっぱい集めていたね。当時、春日部高校の近くにロビンソン百貨店〔注1〕というのがあって、その横に春日部市立中央図書館があるの。1回でCDやテープを6本まで借りられたんだよ。それで6本借りたら、野田のジャスコの新星堂に行って、1本100円のよくわからないメーカーの空テープを買って、それをコンポでダビングするのが日課だったから。

キ いい話だなぁ。「春風亭一之輔」誕生前夜の物語ですね。

師 図書館の音源、全部ダビングしたからね。

キ やりすぎでしょ!!

師 いまだに家にそのときのテープがいっぱいあるけどさ、まるで聞かないんだよ。ダビングしたことで満足しちゃって。いま、すげー邪魔だもん。引っ越しのたびに重たいし。

キ 邪魔なんだ。じゃあ、捨てればいいじゃないですか。

師 そうなんだけど、捨てられないんだよね。思い出が詰まってて。だから、この人の気持ちはよくわかる。

キ わかりますか。

師 うーん。だけど、この人さ、「部屋は狭いし、トランクルームを借りる

〔注1〕イトーヨーカ堂（当時）が米国企業と提携、運営したデパート。1985年オープンの春日部店は第1号店だった。2013年に閉店。

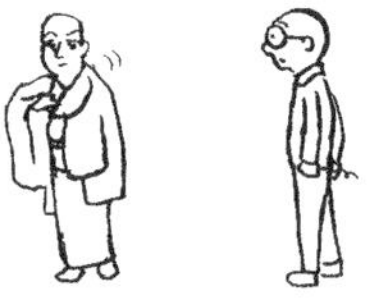

お金もないんです」って書いてあるけど、トランクルーム代くらい土日にバイトすればなんとかなるんじゃないの?

キ　はぁ……

師　なんとかなるよ。本当にその〝ガラクタ〟が大事だったら、それくらいのことはしてもいいいんじゃないかな。コレクター心で手放したくないものって、この人にとってはよほど大切なものなんでしょ? きっと。

キ　まぁ、そうでしょうね。相談してくるくらいですから。

師　だからこの人はさ。

キ　はい。

師　思い切って捨てたほうがいいんだよ。

キ　うんうん。

師　**コレクター心を。**

キ　えっ? ……ええーっ!? 捨てるのそっちッ!!

師　だって、コレクターって「幸せ」ではないでしょう。

キ　すみません。ちょっと私の理解力を超えてしまったのですが……。じゃあ、落語のテープを集めていたときは「幸せ」じゃなかったと?

師　うん、「幸せ」じゃなかった。たくさんの音源をダビングするとかラベルを綺麗に書くとか、そういうのに満足していたから。つまり最初はたくさん落語を聴きたかっただけなのに、気づいたら集めることに…満足していた。

キ　そう。だから、そこから離れて当時を振り返ってみると、「幸せ」じゃなかったなぁって思う。……それに、この人はもっと、そいつらのことをちゃんと考えてやったほうがいいと思う。

師　す、すいません。〝そいつら〟とは？

キ　コレクションされたやつらのこと。そいつらの目線になって考えたらさ、ガラクタみたいにガチャガチャ集められて、そいつら幸せかな？

師　うーん、どうでしょう。幸せではないかもしれませんね…

キ　「幸せじゃない！」でしょ!! 映画『トイ・ストーリー』［注2］のウッディみたいな気持ちになってごらんなさい。

師　ウッディみたいにですか……

キ　そう！　考えてごらん、コレクションされる側の気持ちを。

師　ただ、さっきから師匠はガラクタガラクタと言ってますけど、それはこ

［注2］コレクターにさらわれたウッディをバズ・ライトイヤーたち仲間が助ける物語は、『トイ・ストーリー2』（1999年）。

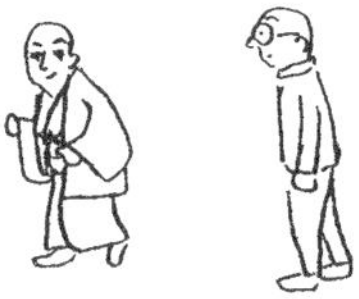

の方の謙遜で、本当はコレクションをケースなんかに入れたりして、もう少し大事に飾ってあるんじゃないですか？

師　……いや。

キ　いや⁉

師　大事に飾るような人だったら、すでにトランクルームを借りています。中途半端だから、こうなっているんです。この人は欲張りなんですよ。欲張りなうえに努力していない。

キ　ひ、ひどい。

師　だからさ、捨てちゃえばいいんだよ。

キ　コ、コレクター心を…？

師　そう。そもそもコレクター心さえ捨ててしまえば、ガラクタなんかを集める必要がなくなる。そしたら部屋も狭くならないし、トランクルームも借りずに済む。

キ　おおーッ！

師　つまり土日のバイトなんて無理してする必要はまったくない！

キ　いやいや、バイトは師匠が言い出したことなんじゃ…

師　この際、どっちが言い出したとかは問題じゃない。理屈はい－んだよッ!!

キ　ヒィ～～ッ！

師　コレクター心なんて、燃えないゴミの日に出しちまえっ!!

相談者のその後

師の教えに従って〃自分の心の一部〃を捨てる決心をしましたが、処分するにもタダでは済まないことがわかり断念しました。

まずはコレクター心を
捨てろ！

05

落ちこんでしまうと、なかなか浮上できません

4月5日19時。小学館本社にて新連載企画発表会がスタートした。和服姿の一之輔師匠。写真は撮らないのにカメラをぶら下げたキッチンミノル。いつもはヨレヨレのTシャツの高成さんもジャケットを羽織っている。拍手の中で現れた3人は揃って刈りたて剃りたての坊主頭であった……。

キ　本日はたくさんのご来場ありがとうございます。この会を主催する『小学館カルチャーライブ！』のホームページには「プラチナチケット必至」と書いてありましたけれども、みなさんは、なにでこの会を知って、来ていただいたんでしょうか。あまり宣伝はしてなかったみたいなのですが？

師　……なにが〝プラチナチケット〟だよ！

キ　ホームページやツイッターとかにそう書いてありましたけど？

師　2週間くらい前に小学館の高成さんから連絡が来てさ、「一之輔師匠、リツイートしてもらえませんか」って言われたよ。

キ　リツイートしたんですか？

師　したよッ！　「プラチナチケットですよ」っていうツイートを自分でリツイートするんだぞ。こんな屈辱的なことってある？　プラチナチケット売り切れ必至っていう情報をまさかの本人が、イベントの直前に宣伝して…

キ　拡散する、という。……でもその効果もあって、お客さんがこんなに集まってくださっています。

師　ありがたいね。……まっ、今日はそんな会です。騙されたと思って、どうぞお付き合いください。だけど〝謎の新企画〟発表って、ちょっと……

キ　煽りすぎですよね。

師　誰も知らないんだから、「謎」に決まってんじゃん！

タ　…………（舞台の隅で困惑を隠せない）

師　そうそう、あのねェーッ!!

イベントの前半は、お客さんの前でお悩み相談を実演しました。

キ　はい？

師　一言、言っていいですか。

キ　いきなりですね。どうぞ。

師　小学館の男子トイレのことですよ！

キ　え？　ビル全体が建て替えられたばかりで、トイレの中もキレイだったじゃないですか。

師　言いたいのは小便器のこと。イマドキのおしゃれな形なんだか知らないけれど、浅すぎるんですよ朝顔が！　横から丸見えなの。全然隠せないんだから。イチモツに自信のある人しか使えない！　どうなんですか高成さん？　上のエライ人に言っておいてくださいよ！

タ　……えーと。一応、「話だけは聴きます」。

師　くそ～……小学館め……

師に問う

落ちこんだり悩んだとき、誰にも言えずに「ごっくん」してしまう

ことが多く、なかなか浮上できません。師匠が落ちこんだり悩んだりしたときの浮上法があれば教えてください。

……師匠の「命まで取られる訳じゃあるまいし」という言葉を励みにしていますが、人間できてなくて、なかなか浮上できません。

（匿名／女性）

キ 師匠は落ちこむことってあるんですか？

師 う〜〜〜〜ん。……あるよ。

キ だいぶ考えましたね。

師 あると思う。

キ いやいや、ないでしょそこまで考えこむんなら。それじゃあ例えば、どんなときですか？

師 前座の時期にね。師匠や先輩に怒られたりしたときは落ちこんだよね。こう見えても打たれ弱いんで、怒られるのが苦手だから。この前も誰かになんか怒られたなぁ……誰に何を怒られたかは忘れちゃったけど。とにかく怒られた。

キ　打たれ強いじゃないですか！　もう忘れてるんなら、だいぶ強いですよ。

師　あのね、忘れやすいの。凹むときは〝グーン！〟って一気に凹むの。まぁ5分くらい。

キ　5分くらい⁉

師　それで、また〝ビューン！〟って元に戻るんです。桂花〔注1〕とか天一〔注2〕なんか食うと、すぐに忘れちゃう。味が濃くてカロリーの高いモン食うとね。

キ　そっちに持ってかれちゃうんだ。

師　そうそう。だけどさ、悩みを打ち明けられる人ってなかなかいないよね。親であろうと奥さんであろうと、本当の悩みなんてそうそう打ち明けられないよ。

キ　そうですね。友達なんかにもねぇ……。

師　逆を言えば、打ち明けられる相手がいる人は幸せなんだと思う。

キ　他人にはなかなか甘えられないですもんね。

師　そう、甘えられない。……どうせ他人には甘えられないんだから、いっ

〔注1〕熊本発祥のラーメン店。豚骨鶏ガラスープ。新宿末廣亭や池袋演芸場から徒歩1分にも店舗あり。

〔注2〕京都発祥のラーメン店、「天下一品」。鶏ガラこってりスープ。上野の鈴本演芸場から徒歩2分にも店舗あり。また師の母校、日本大学芸術学部のキャンパスがある江古田にも。

キ　そのこと自分に甘えたらいいんだよ。

師　自分に⁉

キ　そう。自分パパみたいなのを作ってさ。

師　……微分パパ？

キ　なんだよ、それ？「自分パパ」だよ。例えば、「（低音の良い声で）いいんだよ〜、お前カワイイよ〜、お寿司食べな、大トロも食べな〜、魚卵もいいぞ〜」なんて、優しいパパのことばを頭の中で想像してさ。お寿司とかたくさん食べたらいいんだよ。

師　はぁ。

キ　自分にご褒美みたいな感じで。カロリー高いもの食べてさ。別に食事じゃなくてもいいと思うよ。自分の欲求に、正直に従う……3時間くらい。

師　自分の欲求に……

キ　つまり**自分が自分の「パパ」になってしまえばいいんだよ。**津川雅彦みたいな「パパ」を自分の中に作るの。自分を甘やかしてくれる「パパ」を。お金がありそうで、力がありそうで、なおかつスケベそうな人をね。

キ　そんなことやったら、会計の段になってびっくりするかもしれないですけど……

師　時には「金で解決する」ってことも大事だと思うよ。

キ　金で。

師　「金がない」って言われちゃうと、それまでなんだけど。

キ　それじゃあ、もし相談者が男性だったらどうなるんですか？

師　それなら朝丘雪路みたいな「自分ママ」を…

キ　夫婦で！

師　それじゃ、ただの津川家の子どもか。

キ　……ところで、3時間限定にする理由はあるんですか？

師　それ以上「パパ」やっちゃうと、単純に欲望に溺れていくだけだから。そこはきっちり最初に「3時間まで」と決めておかないと。

キ　ブレーキとしての3時間か。そりゃそうですよね。

師　いつまでも「パパ」に頼ってたら、さすがに自分の中の津川さんも「いい加減にしろ！」って言うと思うよ。津川さんだってさ、オモチャ売る［注3］のに忙しいんだから。

［注3］津川雅彦氏は、玩具小売会社グランパパの創業者で、のちに名誉顧問をされていました。※この新企画発表会は2018年4月5日に行われました。その後、朝丘雪路さんが4月27日、津川雅彦氏が8月4日に御逝去されました。御冥福をお祈り申し上げます。

相談者のその後

師の教えは友人たちにも浸透し、ことある毎に「カロリーの高いもの食べよう！」「心のパパがいいって言った！」と、自分たちを甘やかしています。時間制限は守れていません。

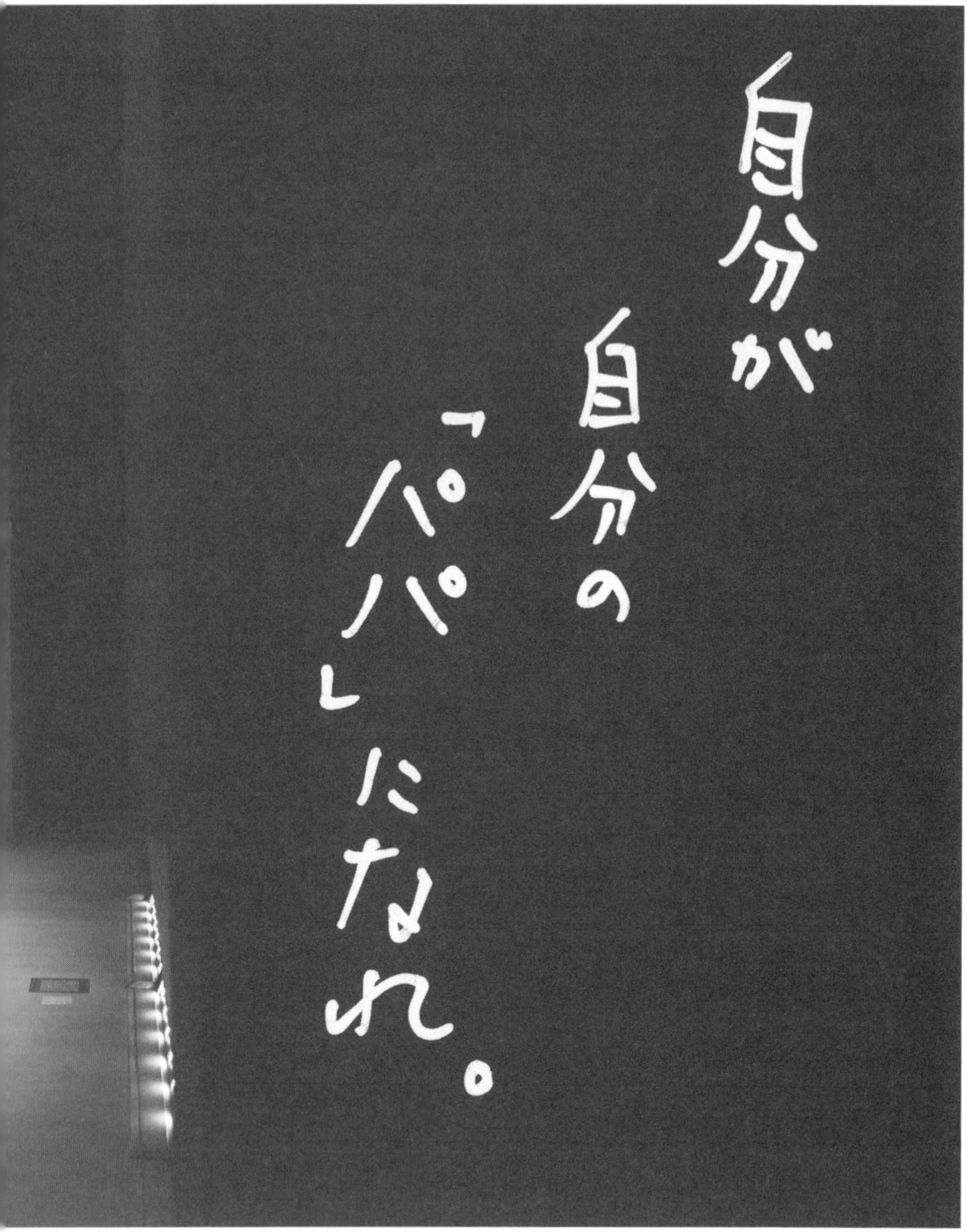
自分が
自分の
「パパ」になれ。

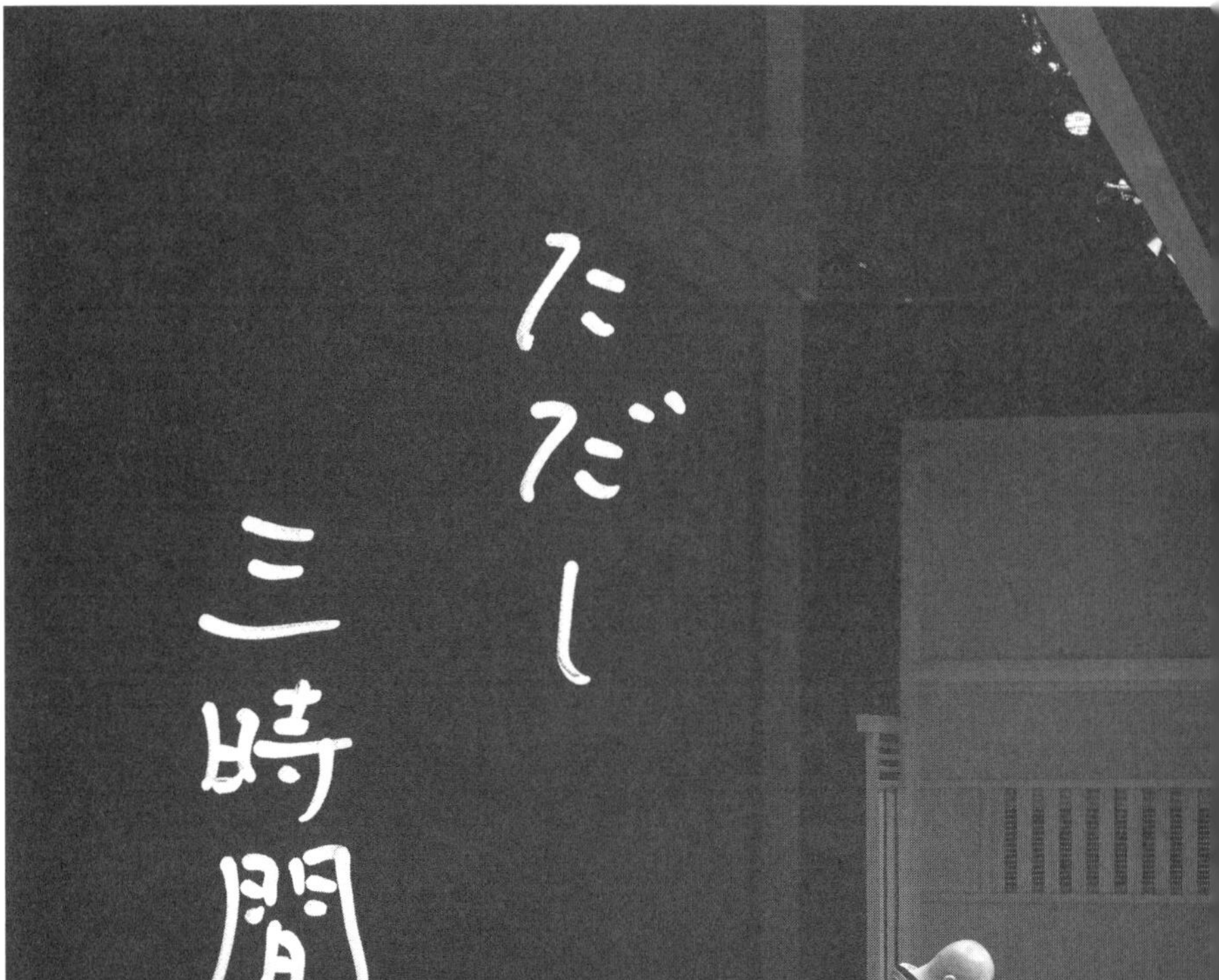
ただし
三時間まで。

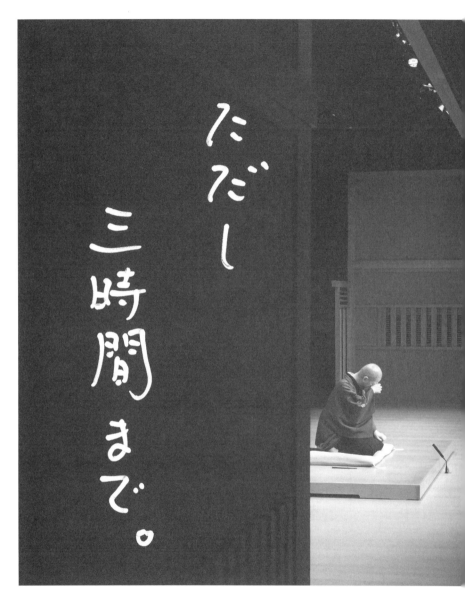

06

話の口火が切れず、聞き役となってしまいます

新企画発表会、早くも中盤にさしかかろうとしている。お客さんの目には、ぐだぐだトークが続いているように見えるかもしれないが、ゆるそうな会話のなかから金言を掘り出そうと、こっちは必死である。さて、本日3番目の質問はいかに……？

師　……ところで、題名の「いわく」だけれども、本当は「のたまわく」が正しいんだよね？

キ　そうですね。普通は孔子さんが〝おっしゃった〟という意味で「子、のたまわく」ってなります。

師　「いわく」だと？

キ　〝言った〟って意味です。落語会ではまだまだ若手の一之輔師匠が〝おっしゃった〟だと……［注1］

［注1］両名はこんな会話をしていましたが、「曰く」と書いて「いわく・のたまわく」どちらの読み方もあります。また、「孔子のことばのみ〝のたまわく〟と読み、他は〝いわく〟と使い分ける」という説もあるようです。

師　大げさすぎるよね。

キ　ですよね。だからこその「いわく」です。師匠ぐらいのレベルなら「いわく」あたりがちょうどいいのかなと。それに「いわく」と「ふわく」の語呂合わせ的な思惑で。

師　…………まぁ、いいけど。

師に問う

複数人であーだこーだしゃべっているときに、なかなか口火を切ることができず聞き役となってしまいます。どうしたものでしょうか？

（匿名／男性）

師　例えば、飲み会とか……

キ　井戸端会議とか、お昼休みとか……

師　みんなが集まってワイワイ言いあっている場で、自分も喋りたい…と。

どうやって間に入っていけばいいのか…と？

キ そういうことです。

師 すごく気持ちはわかりますね。

キ と言いますと？

師 噺家ってお喋りな人が多いんですよ。バカみたいに楽屋でずーっと喋っていてさ。打ち上げでもさ、5～6人集まるとずーっと喋ってんだよ。

キ いいなぁ。

師 エピソードトークのオンパレードなんですよ、噺家は。そのなかに入るとオレなんかはさ、言えないほうだから。

キ 全然なにも話さないんですか？　それとも「なにか言いたいけど言えない」みたいな気持ちなんですか？

師 面白い人たちばっかりだと、その人たちの話を聞いているだけで十分。お金を払いたいくらい。……噺家の場合は、そういう感じになる。

キ でも、それは噺家の場合であって…

師 そうじゃないからね、この方の場合は。とはいえ、噺家の集まりでも、

イベントの後半は、我らが師の落語を！　演目は「千早振る」。

たまにそうでもない奴がいるわけ。オチがない奴とか「それ、みんな知ってる話だから」みたいな若手がいるんだよ。そういう人が5人中3人くらいいるとイライラしてくるから、ならば!……ってな感じで自分でいこうとする場合もある。

キ この方の場合は、そっちに近いんでしょうね。

師 でもさ、この人が常々こういう状況になるってことは、それが、この人のいつものあるべき立ち位置なんじゃないの?

キ そういうキャラクターってことでしょうか。……僕なら、そういう場にはこの方みたいな聞き役もいてほしいですけどね。

師 そこ! 積極的に参加はしていないかもしれないけれど、ムードメーカーになっているって人がいると、お喋りの場って盛り上がるんだよ。この人の反応が欲しいから、この人に話を聞いてもらいたいから、ついつい話しちゃう……って人いるでしょ。

キ いますね。この人さえ笑ってくれればそれでいい……みたいな人って。

師 もしかすると、相談者はそういう役目の人なのかも。

キ いわゆる「聞き上手」ですよね。

師　いつもみんなが〝あーだこーだ〟と盛り上がっているということは。

キ　そうかもしれませんね……でも……

師　でも？

キ　内心では喋りたいんですよね？　この人は。

師　……

キ　ということはですよ。その場が盛り上がれば盛り上がるほど、この方の心の中は、どんどん寂しくなっていくんじゃないでしょうか？

師　……うーん、だけどさ。この人がそこで無理をすることによって、その場のバランスが崩れていく場合もあるからね。

キ　バランス？

師　無理しないほうがいいんじゃないの。喋らないあなたがいて、周りは盛り上がっているわけだから。相談者は生まれながらの聞き役なんです、おそらく。……別にお金は発生していないわけでしょ、その会は？

キ　お金？

師　出席することでギャラが発生するわけじゃないんでしょ？

キ　あたりまえですよ！

師　ひな壇芸人を見てごらんなさい。

キ　ひ…ひな壇芸人？？

師　笑いの猛者どものなかに自分から入っていかなきゃいけないんだよ、ひな壇芸人は。本当に辛いよ。それを考えたらさ、この人はそうじゃないだけありがたく思ったほうがいいよ。向いていない、ひな壇芸人ほど辛い人はないからね。

キ　そうなんですね。

師　ナイツの塙さんと話したときに、「どう考えても僕はひな壇芸人に向いていないけれど、仕事の都合上ひな壇に上がらなければいけないときもあって、そういうときは本当に辛い」って言ってたよ。

キ　あの塙さんでさえ……

師　「ときには〝オレがオレが〟って割っていかないといけない。自分ではそういうのが得意じゃないと思っているのに、前に出ていかなきゃならないわけだから、本当に辛い」ってさ。

キ　そうなんですね。

師　そこにはさ、事務所の期待を背負い、ナイツという看板を背負い、お金

も関わってくるんだから。それに比べたら、幸せだと思うよ。

キ 幸せ……？

師 だって、この人はさ！ **ひな壇芸人じゃないんだから。**

キ ええーッ!? そりゃそうですけど。

師 ありがたく思わなきゃ。

キ 「ひな壇芸人じゃなくてよかった」と。……大きな相手と比べましたね。

師 そう、比べるのは大事。そして無理は禁物。……この人が聞き役であることで周りが盛り上がっているんだから、すごいことだよ。みんなの話が盛り上がっているときには、その話をとことん楽しむ。

キ 聞き役として。

師 そう。それで、場が盛り下がってきたときに、いよいよ反撃の口火を切ればいいんだと思う。

キ フッと会話が途切れることってありますもんね。

師 そうそう。会話の火が消えかかってきたら……そこで！

キ いよいよ…

師 口火を切る!!

キ　あはは、いますね。そういう人。口数は少ないのに、いいところ全部持っていってしまう人!!

師　憧れるよね。

キ　憧れます。……ところで、師匠はひな壇のオファーが来たら、その仕事を受けるんですか?

師　一度は受けるかもしれないけど……無理だろうねぇ。向いていない。

キ　以前、サンジャポ［注2］には出てましたけど?

師　出たけどさ、寂しいんだよあそこ。ひとりで着物姿でポツンとしていると、誰も口をきいてくれないんだよ。

キ　あはは、場違いな人が来ちゃった…みたいな?

師　そうそう。左からテリー伊藤さん、オレ、みちょぱ［注3］…って並びで座っていたんだけど、コマーシャルの間ずっと、テリーさんとみちょぱが、オレを飛び越して会話しててさ。まんなかで首振って、まるで卓球のラリー見ているみたいだったもんなぁ……

キ　寂しいっスねぇ……そのとき、口火は?

師　切れなかったね。会話が途切れなかったから……

［注2］「サンデー・ジャポン」。TBS系列で毎週日曜10時から放映中。

［注3］池田美優。1998年生まれのファッションモデル。

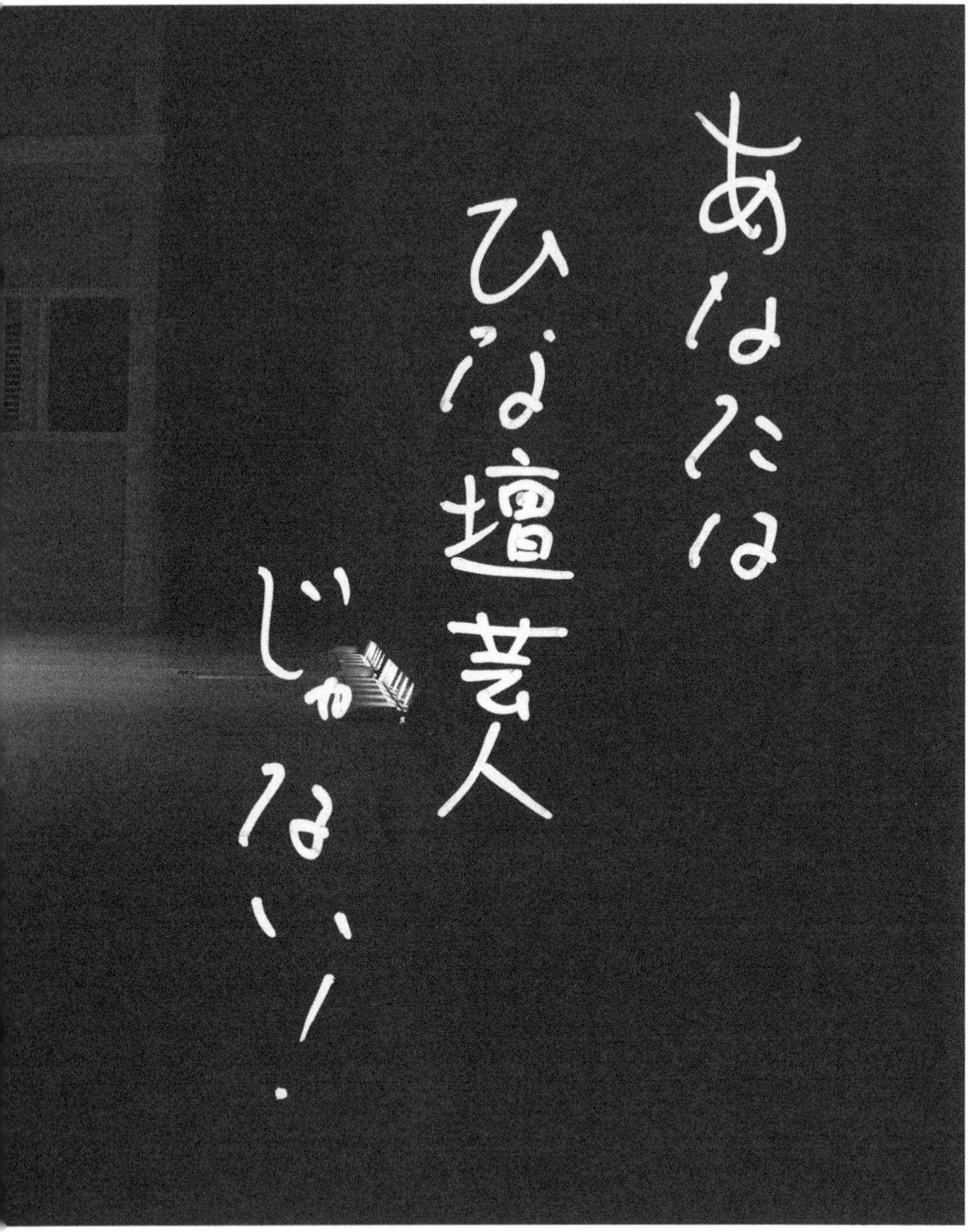
あなたは
ひな壇芸人
じゃない！

会話には聞き役も必要

07

私は話がつまらない（ようです）

新連載企画発表会が終わり、スタッフの皆さんと打ち上げ。そして一之輔師匠の「行くぞ！」の号令とともに、いつもの3人は2軒目へ。打ち上げという名の反省会は、まだまだ続いていく……。

師　……とりあえず生を3つ。それと餃子2人前。チャーハンは大盛りね。それに酢豚に回鍋肉。とりあえず、それでお願いします。

キ　たった今、パスタとかたくさん食べたばかりなのに、けっこう注文しましたね。

師　おしゃれなイタリアンもいいんだけどさ、ひと仕事終えたあとは「食ったーッ！」という実感がほしくなるんだよ。

キ　なるほど。餃子とかって、においからして充実感みたいなものがありますもんね。

タ　……キッチンさん、今日のお客さんのアンケートです。さっそく預かってきましたよ。

キ　うわぁ……見たいような見たくないような。

師　どれどれ？（キッチンの手からアンケートを奪う）……ふーん、あらー、キッチン！　これ見てみな、ほら。

キ　なんですか？

師　「キッチンミノルはつまらない。二度と来たくない」って書いてあるよ。

キ　え……

タ　どれどれ？　あっ、ほんとだ！

キ　高成さん、イヤな人だなぁ。いま知ったみたいな反応して！

タ　いや、私も読まずにすぐ持ってきたもので……いやー、まいったなぁ。

キ　急に胸の真ん中が、キューってなってきました。

師　真摯に受け止めたほうがいいよ。

タ　でも私はすごく楽しかったですよ。ほら、キッチンさんには独特の間が

来場されたお客さんへのおみやげ。特製クリアファイル。

あるから。

キ　なんか褒められている気がしないっス。てか、自分は別に面白くなる必要はないですから!!

タ　二人の会話のオフビートな雰囲気を皆さんにも楽しんでほしかったんですが、「ぐだぐだ」と受けとめたお客さんもいらしたということですね。

キ　そんなぁ……だいたい、こういう辛辣な回答は出演者に見せないように気を遣うのも編集の仕事なんじゃないですか、高成さん！

タ　申し訳ありません……（と、うつむくが口元がほころんでいる）

師　キッチン、が・ん・ば・れ。

キ　…………

タ　大丈夫ですって！

キ　なんか、慰められれば慰められるほど凹むんですけど……

師　キッチン！　そういうときはどうするんだっけ？

キ　落ちこんだときは……あっ！　たしか「カロリーの高いものを食べる」でしたっけ!?

師　それから？

キ　自分が自分の「パパ」に…
師　なれ！…だろ。
キ　はい。
師　お姉さん。この人に唐揚げと海老チリを。僕にはハイボールね。
キ　あ、すみません。ありがとうございます。
師　いやいや。こちらこそ、ごちそうさまです！…だよ。
キ　…ん？　なんで？　…ですか？？
師　だって、今日はキッチンがオレらの「パパ」なんだから。
キ　なんで私が〝みんなの「パパ」〟にならないといけないんですかッ!?
師　そういう「師のことば」だったでしょ！
キ　いやいや、違うでしょ!!　高成さん、なんとか言ってくださいよ！
タ　……ごちそうさまです。
キ　お〜い!!　だったらせめて自分の分は自分で注文させてほしかった……
師　ハイボールもう一杯お願いしまーす！　……それにしても「二度と来たくない」とか言われてもなぁ…
キ　……

師　だけどさ、この人そうとう肝が座っているよね。「来ない」ってことをわざわざアンケートに書けるってことがすごいよ。

キ　そうですよね。なかなかそこまでは書かないですから。

師　この人は何をやっても成功します。

キ　う〜ん、たしかに。

師　よほどの大物だな。

キ　……でも、この方が次々回は来たくなるくらい、次回はもっと上手に仕切れるように頑張りますよ……ボクはッ！　うぅ〜〜…

師　泣くなキッチン！　餃子食え!!

師に問う

私は、話がつまらない（ようです）。どうでもよい内容を、膨らませたり面白くしたりする方法はありませんか？　私は50代の女性です。同世代の同性の方々は、とても楽しそうに話しています。よく聞くと、まるで中身がありませんが……

（匿名／女性／50代）

キ　師匠の仕事は、まさにここで言われているような、〝どーでもいい内容を膨らませたり面白くしたりする〟ことですよね。

師　失敬だな！　まぁでも、そういう稼業だよね。そういう稼ぎ方が世の中にあったんだな…と。ありがたいことです。

キ　つまらない話を面白くする方法ってあるんですか？

師　そんな方法があったら、こっちが聞きたいよ。

キ　……はぁ。

師　それじゃ、質問をもういちど読んでみようか。「私は話がつまらない（ようです）」「マル」…って、このカッコになっているところに、この人のプライドを…

キ　感じます。

師　感じるよね。すごく感じる。……そこが、この人の面白いところだな。

キ　次に、「どうでもよい内容を、膨らませたり面白くしたりする方法はあ

師　りませんか？」」…ときて、「50代の女性」。
　なるほど……そのあともいいね。「同世代の同性の方々は、とても楽しそうに話しています」が、「よく聞くと、まるで中身がありませんが……」って。他人に厳しい！　周りの人たちのことを羨ましく思っているのかと思いきや！

キ　辛辣ッ！

師　最後の「が……」のところの余韻がなんとも言えないね。だけど、楽しそうに話していることって、中身がないことのほうが多いよね。会話って中身があるから楽しいわけじゃないというか。

キ　大笑いした次の日とかに冷静になってみたら何も覚えてないことってよくありますもんね。だけど、この人はそれには我慢できなくて…

師　この中身のない会話をなんとかして変えたい……そういうワケだ。

キ　みんながつまらないから、どうでもよい内容の話を膨らませてでもやっぱりここは私が喋りたいという…

師　使命感！　それを感じるね。

キ　感じますね。

師 こんなつまらない話をしている人たちに、ちょっと私が喝を入れたい！…と。

キ あはは、そうですね。

師 だけど、どうも自分は話がつまらない、ようです…と。どうしたらいいでしょうか？…ってことなんだね。

キ ……あれ？ ……師匠ッ、すみません。

師 はい、なんでしょう？

キ もしかしたら、この方は……この中身のない話をしている人たちから…

師 うん。

キ 「話がつまらない」と…

師 あっ、言われているね。

キ ですよねッ!!

師 あちゃー…、この人はそのコミュニティーにいないほうがいいよ!! まったく合ってないんだもん、価値観とかが！

キ ふぅぅ……(ため息)

師 「こいつら、つまんねぇ奴らだな」と自分が思っている連中から、「私は

話がつまらない」と言われていますが…

キ　どうしたらいいでしょうか？　…って、そういうことですよね。

師　それはもう、今すぐにでも**そこから離れろ!!**だよ！　あなたは、そのコミュニティーにいないほうがいい。**一刻も早く！**

キ　おおー、切羽詰まってますね。

師　そうです、そうです。それがお互いのためです。

キ　まずはその場から離れる。……話を膨らませる膨らませない以前の問題ということですね。それで、そうしたことが解決したうえでようやく、「どうでもいい内容を膨らませたりするには～」という本題に…

師　入ることができる…ってことだ。そうね……う～ん。それは読みこむことだな。

キ　ものごとを？

師　そう、今まさに我々はそれをしたじゃない。失礼だけれども、悩みとはいえ、どーでもいい話をこうやって。

キ　ひ…ひどい！

師　まあまあ。失礼だけどさ、悩みとはいえ軽い話をこうやってジックリ読みこむことによって、この方の気持ちとか状況とかがじわっと行間からにじみ出てきて、情景が頭に浮かんだでしょ？

キ　浮かびました。そしてどんどん話が膨らんで……なるほど、まさに今実践したということなのか。

師　つまりそういうこと！　……そういえば昔、現代文のテストで先生に言われたよね。なんども読みこめって。

キ　出題文を。

師　そうそう。オレ、好きだったんだよ現代文。

キ　あー、好きそうですね。

師　「作者が言いたいことを20文字で記せ」みたいなやつ。

キ　ちゃんと書けたんですか？

師　本当はちゃんと書けるんだけどさ、屁理屈で答えちゃったりするの。オレの解答は間違っているけど面白いだろ？　…みたいなね。「わかっていますよ。答えはわかっていますけれども、こういう考え方だってあるんじゃないんですか！」ってね。

キ　そこまで読みこんで！

師　そう！

キ　でも、答えとしては間違っているんですね。

師　しょうがないよね。

キ　しょうがない……？

師　だって世の中、正論だけじゃつまらないじゃない。

キ　なるほど！　さすが師匠ですね。まさに屁理屈!!

師　……褒めてないね？

そこから離れろ!!
一刻も早く。

08

アラフォー世代の独身女性です

なかなか3人の予定が合わず、今回の打ち合わせは昼どきに小学館の会議室で実施することに。会議室へ向かう道すがら、今日も一之輔師匠の小言は止まらない……。

タ　先日はご出演のラジオでも、『師いわく』連載のことを宣伝していただいて、ありがとうございました。

師　いえいえ。どれだけ効果があるかわからないですけど。

キ　そうなんですか？　へー、ありがとうございます！　……そういう宣伝とかあると、やっぱりアクセス数ってバーっと上がるものなんですか？

タ　どうなんでしょうか？　今度調べておきます。

師　アクセス数？　キッチンはまだそんなこと気にしてんの？

キ　え？　……ええまぁ。気になりませんか？

キ　アクセス数なんか気にしながらやってちゃダメなんだよ。そもそも、そういう了見が良くない。

キ　気にするってこと自体がですか……

師　ブッダ〔注1〕がさ…

キ　ブッダが!?

師　そう。ブッダがさ、説法するのにアクセス数なんて気にしてたと思う?

キ　…………

師　し・て・な・い・でしょ! 説法をする前に、人がどんなに集まるかなんて気にしてないの。ブッダが説法をしていたら自然と集まってきたの。小鳥や猿とか、鹿とかがさ。……ちゃんと『ブッダ』〔注2〕読んだの? 「口コミで頼むよ」なんてブッダは動物たちに言ってた? 言ってないでしょ!

キ　……言ってなかったです。

師　そこですよ。……どうもキッチンは人間が小さいんだよなぁ。

キ　小さいですか…

師　小さすぎだよ。

〔注1〕「仏陀」。サンスクリット語を語源とする「目覚めた人」、転じて「真理を悟った人」を表す。紀元前5世紀ごろの西インドで、ゴータマ・シッダールタは悟りを開きゴータマ・ブッダとなり、仏教をおこした。それが釈迦だ。

〔注2〕手塚治虫によるマンガ作品。ふたりの会話はどうやら〝漫画の神様〟の作品を基準に交わされているようです。

キ　…………

師　良いことをやっていれば、自然とアクセス数は増えていくんです。アクセス数なんてものに、囚われることなかれ！　ごらん、世界は美しい!!

キ　おおーッ！　なんか…ものすごく眩しい！　……そして、すごいドヤ顔！

師に問う

師匠、私のモヤモヤした悩みを聞いてください。私はもうすぐ「アラフォー」と呼ばれる世代の独り身です。周りからすっかり「おばさん」扱いされ、好きなミュージシャンを答えると「若いですね」と言われる始末。だからといって美魔女のような、とってつけた女性にも憧れません。これで、既婚者で子どもでもいれば、自分の存在を認めてもらえそうな気がしますが、単なるおばさんになった私を、誰が必要とするのでしょうか。こんな私は、これからどういう女性を目指せばいいか、師匠の渋い目線で教えてください。よろしくお願いいたします。

（おはな／女性／37歳／大阪府）

師　ところで「アラフォー」って、いくつくらいのこと？
タ　一般には40歳の前後3歳、37〜43歳とする場合が多いみたいですね。
キ　おはなさんは37歳なので、ちょうどアラフォーの入り口にさしかかった微妙な年頃ということですね。僕らのちょっと後輩です。
師　う〜ん。こんな心づもりで大丈夫か？
キ　どういうことですか？
師　だって、まだ人生の半分じゃない。
キ　人生80年〔注3〕って考えると、まぁそうですね。
師　そう。これから長いよ、この先が。「アラフォー」とか言っている場合じゃない。
キ　まぁ、もう半分あると思えば……そりゃあ長いですよね。
師　この方は会社員なの？
キ　おそらく。つまり「会社員」以外に自分の肩書きみたいなものがないこ

〔注3〕現在、日本人女性の平均寿命は87・26歳です。ちなみに男性は81・09歳。「平成29年簡易生命表」（厚生労働省）より。

とを悩んでいるようです。

師 肩書きねぇ……

キ 美魔女［注4］を目指すつもりはないみたいですね。

師 美魔女なんかに憧れる人なんて、ロクなもんじゃないよ。

キ コラコラ！

師 あれは職業ですからね。プロですから、美魔女って言われている人たちは。美魔女の〝ビ〟は、ビジネスの〝ビ〟だから。

キ ビジネス？

師 そうだよ。ビジネス魔女。

キ それでビ魔女ですか……そうですか。（笑ったほうがいいのかわからず中途半端な相槌を打ってしまった……いかんいかん）まぁでも、おはなさんは憧れてないみたいなので、とりあえず大丈夫ですかね？

師 大丈夫！

キ ……（美魔女に対して一言、言いたかっただけなのか？）

師 この人は「どういう女性を目指せば～」って書いているけどさ、羨ましいよ。……オレ、なりたいなぁ。

［注4］2008年ごろファッション雑誌【美STORY】（光文社）が生み出した造語。後継誌【美ST】を見ると、「外見美」「知的美」を両立、包含する「才色兼備」な大人の女性――みたいな意味のようです。

キ　え？　なににですか？　37歳の女性に…ですか？

師　うん。働いていて、それなりに自由になるお金もある。別に「結婚したい」とは書いてないんでしょ？

キ　そうですね……そうは書いてないですね。

師　いいじゃん！　だからもう兼好法師みたいに生きていけばいいんだよ。〝徒然なるまま〟にさ。

キ　今から山にこもって隠居生活を……？

師　いや、隠居というよりもさ。自由に好きなように生きたらいいんだよ。そんな人、いまの世の中いっぱいいるよ。神保町の交差点で石を投げたらぶつかるよ。この小学館の建物の中にも腐るほどいるんでしょ！　バカみたいに。

タ　……（困惑した表情）

キ　また口が悪い！

師　つまり、あ・な・たは、特別な人間じゃない！…ですから。

キ　急になんですか!?　「私は特別な人間です」とはこの人、書いてないですけど……？

師　「自分ばっかり損している！」とか、「私はなんでこんな目に遭っているんだ！」とかさ、考えないほうがいいんだよ。あなたみたいな人は山ほどいるから。

キ　いきなり昭和の小言オヤジみたいな言い方して、どうしたんですか？

師　……だって「渋い目線で教えてください」って書いてあるから。

キ　それでですか。渋い目線イコール昭和の小言オヤジではないと思いますが……というか、そもそも師匠って渋い部類に入るのですか？

師　知らないよ！　そんなこと。

キ　う〜ん、おはなさんは、ただ誰かに認めてもらいたいだけなのではないでしょうか？　単純に、誰かに認めてもらいたい、必要とされたい、だけど今はそういう人もいない。…という感じなのかなと。

師　この方はわざわざ質問してくるってことは、「誰かに必要とされたい」っていう気持ちは本気だよね？

キ　本気だと思います。切実だと思います。

師　それなら、いっそ**自分の土俵をつくってしまえ**ばいいんだよ。

キ　ど、土俵!?

師 そう、土俵。自分ちの庭にさ。

キ 比喩じゃなくて……本当に土俵をつくるんですね？

師 それで、「ここに女性が上がれる土俵があります」って看板を掲げるの。

キ ああ。相撲の土俵は女人禁制だということで、ちょくちょく騒ぎになりますからね。4月にもそんなニュースがありました。［注5］

師 だろ？

キ ……え？　だから自分で土俵をつくるんですか？　女性が上がれる土俵がないから。

師 そうだよ。大阪には土俵に上りたい一心で、自ら土俵をつくりあげてしまった女性がいる!!　……って噂になるでしょ。

キ 噂になりますかね……

師 なります！　ちゃんと土の中に昆布とか埋めて、土俵を浄めて安全を祈る「土俵祭」もやっちゃいましょう。そうすればわんさか人が集まるよ。女性だけでなく、土俵に上がりたい老若男女が！

キ はぁ……

師 まさか女性のための土俵があるなんて！　……って口コミで広がるね。テ

［注5］２０１８年４月４日、京都府舞鶴市で開かれた大相撲春巡業で、多々見良三市長が土俵上で挨拶する最中にくも膜下出血で倒れた。そのとき救命措置のために土俵に駆け上がった女性たちに対し、「女性は土俵から降りて」という場内アナウンスが繰り返され、問題となった。

レビの取材も来ちゃうよ。元大阪府知事の太田房江［注6］さんも呼びましょう！　キッチンも写真撮りに行けばいいじゃん。

キ　…………

師　それか今なら、キャバクラヨガ［注7］なんてのもいいんじゃないの？

キ　林文科相の？

師　そうそう、「キャバクラヨガ」って単語だけで、日本中があんなに盛り上がったんだよ！「えっ！　なになに、世の中にはキャバクラヨガってものがあるの？　いったいどんなことやってるんだ!?」…ってさ。いろんな人がいろんな想像して、日本が少し華やいだでしょ？

キ　まぁたしかに、かなり話題になりましたね。

師　だけどすぐに、林さんが行ってた店は、我々が想像したようなものではないんだってわかってさ…

キ　一気にシュンとなっちゃった。

師　てことはだよ。いま本当にキャバクラヨガのお店を出せば、すぐに人気店だよ。世の中にまだなくて、だけど人々が待ち望んでいるものなんだから。「誰が私を必要とするのでしょうか？」じゃなくて、「いま必要と

［注6］政治家。2000年から大阪府知事を2期8年務めた。その間、府立体育会館で開催される大相撲春場所にて、大阪府知事賞を知事自身が優勝力士に贈ることを望んだが、女人禁制を理由に相撲協会から拒まれ続けた。

［注7］2018年4月、林芳正文部科学大臣（当時）が通うヨガスタジオが、美女が個室でマンツーマンで指導してくれるらしいと話題になった。

されている人ってどんな人なのか?」を考えないと。ときには時流に乗ることも大事だからね。……どうでしょう? キャバクラヨガ店長をしてみては?

キ それ、単純に師匠が行きたいだけでしょ!

師 じゃあ土俵。

キ それもなかなかハードルが高いです。とりあえず、おはなさんが何をやるかはひとまず置いておいて、世の中や周囲など相手に合わせて必要とされる人に変化していくってことが、これから大事になっていく…と。

師 そうです! いきなり世間一般を相手になんてしなくていい。あくまでもキャバクラヨガは例えですから。やってほしいという気持ちがないと言えば嘘になるけどさ。まずは会社で隣の席の人を観察する。そして、今その人には何が必要かを考え、それを実行する。

キ うんうん。

師 それから、だんだんその範囲を広げていけばいい。あなた自身が自分の周りを見る目を変えれば、自然と周りがあなたを見る目も変わってきます。

キ　おおーッ！　なるほど。うわ～、師匠！　なんかすごく真っ当な人生相談みたいです！　うんうん。

師　そして……究極的には「川口浩探検隊」を目指せばいいと思ってる。

キ　……ん？　なんですって？　川口浩探検隊？　すごい昔に、テレビでやっていた『水曜スペシャル』〔注8〕の？

師　そう。無きものを探して……そして、つくってしまう。本当はないのにまるでそこにあるかのごとく。観ている側も半信半疑なのにドキドキして、求めてしまっている。

キ　ヤラセ番組の元祖といわれている番組ですよね？　ナレーションの煽り方がすごくて、ジャングルで出会うものは、すべて「我々に」襲いかかってくる、死が待っている、みたいなこと言って。蛇がうじゃうじゃ出たりして。どこまでが仕込みだったのかなぁ。今はなかなかこういう番組はできなさそうですよね～！

師　……キッチン。オレはさ、今とか昔とかそういう話をしてるんじゃないんだよ！

キ　すみません……

〔注8〕1976年4月～1986年3月にNET↓テレビ朝日系列で放映された番組。人気シリーズ「川口浩探検隊」は45回放映。

師　ヤラセ？　大歓迎だよ！　だってヤラセも含めて世の中に必要とされていたでしょ？

キ　そ、そうですね。

師　たしかに再放送はされないけど、今でも川口探検隊が現れるのを待ち望んでいる人はいっぱいいいると思うよ。心に冒険の火を静かに灯しながらね。

キ　…………（なんか遠くを見ちゃってるよ）

師　（低音の良い声で）それでいいんだよ……キッチン。

キ　は…はい……

相談者のその後

アラフォー独身女子として、正々堂々と独自路線を歩んでいきます！　また今度は師のお悩みをお聞かせください！　僭越ながら私たちが回答させていただきます。

いっそ土俵をつくってしまえ！

09 ガマンできない社長の行動があります

小学館本社にての打ち合わせ。30人は入れそうな会議室に通された3人は、入り口にいちばん近い隅っこに申し訳なさそうに座る。ちょうどお昼どきなので、編集の高成さんが弁当を買ってきてくれた……。

キ　あ、シュウマイ弁当ですね！

タ　正確には「シウマイ弁当」ですけどね。崎陽軒の場合は「シュウマイ」や「焼売」でなく、「シウマイ」と表記するんですよ。私のような生粋の横浜市民としては、そこ重要なポイントです。

キ　……はぁ。そうなんですか。

タ　……それで、こっちが我が地元の神奈川県で売っているシウマイ弁当。こっちが東京で売っているシウマイ弁当です。どちらがよいですか？

キ　わざわざ同じ弁当を、神奈川と東京の2か所で買ってきたんですか!?

タ　「できる編集者」ですから。

師　えっ、そうなの?

キ　(にやにや)

タ　…………えーと。紐で結んであるほうが神奈川バージョンです。シウマイ弁当は、蓋も経木を使っているおかげで上手に湯気を吸ってくれるから、美味しさが長続きすると言われています。が、この包装のちがいで東京バージョンよりもさらに美味しいという噂もあります。

師　相変わらず細かいなぁ……。だけどさ、シウマイ弁当はにおいがあるから新幹線の中では食いにくいんだよね。車内でシウマイ弁当食っている人は、だいぶ肝が座っていると思うよ。

キ　へー、そうなんですか。私は食べちゃうことあります。なにも気にしなかったなぁ。最近話題になった551［注1］も、ちっとも気にせず食べていましたもん。新幹線の出発時刻を気にしながら必死に列に並んで買って。

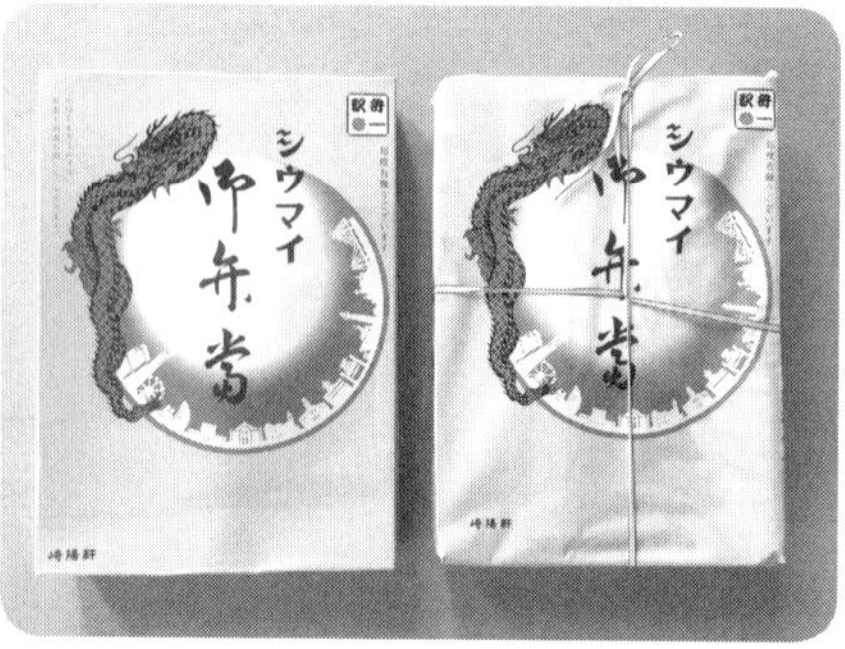

［注1］株式会社蓬莱（＝551蓬莱）が販売する豚まんのこと。大阪名物として全国にファンが多いが、新幹線の車内で食べることの是非が、最近話題となった。

師　あー、そこがキッチンのキッチンたる所以だわ。

キ　師匠はなにげにそういうの、うるさいですよね。

師　「気遣いの人」ですから。

キ　じゃあ、車内で食べている人がいたらイライラするんですか？

師　他人が食べているのは別にいいんだけど、自分が周囲の人にそう思わせるのはイヤ。

キ　へー、じゃあお弁当はどういうのを？

師　たとえば観劇に行った場合を想像して、それでも隣の人に迷惑じゃないと思うものを、ちゃんと選んで、新幹線でも食うんだよ。

キ　劇場のほうが隣同士、近いですもんね。そこまで考えているんですか。ふーん、偉いですね。

師　まあな。

キ　そういうのって、気遣いを教えてくれた親に感謝ですよね。僕はそういうの習ってこなかったから。

師　……親っていうよりも、かみさんに教わったんだよ。大学の頃。

キ　大学の頃!?　デートで？

師　二人で歌舞伎を観に行ったときにさ…

キ　はい。

師　ハンバーガーとポテトを買おうとしたら、めちゃくちゃ怒られた。

キ　あはは。それがダメなのは私でもわかる。

師　「はぁ？　なに考えてんの。そんなもん買って入ったら、臭って大変でしょ!!」ってさ、怒られて。そのときに改心したわけ。

キ　どうしようもないっスね。

師　でもさ、寄席にはポテトとかバンバン食ってるお客さん、いるからね。いるいる。

キ　本当はダメだけど、昔はオレもそのうちの一人だったから……エヘへ。

師　かわいく言ってもダメですよ。

キ　それと、お弁当の蓋についたごはん粒を残さず食べる人が好きだね。

師　なんか育ちがいいって感じがしますもんね。

キ　だけどさ、最近おじさんになっちゃったからさ、蓋のごはん粒は全部食べるんだけど、お弁当のごはんは迷わず半分残しちゃったりするんだよね。健康のためとか言い訳しちゃって。

キ　なんなんスかそれ!?

師　わからないい。だけど、蓋についたごはんを残すのは許せないんだよなぁ……。ただ、崎陽軒のシウマイ弁当最大の問題はアンズなんだよ！　これ必要かね？

キ　最後のホッとする砦なんじゃないですか？

師　釜飯にも入っているしなぁ。

キ　そんなに好きじゃないんですか？

師　うーん……あんま好きじゃない。というか食べたことないかも。すぐに後輩とかにあげちゃう。

キ　ただの食わず嫌いってやつですね。

師　（一口かじって）あっ！　今までこんなに一生懸命食べたことなかったけど、すごい強烈な味だね。口の中が一気に爽やかになる！　うわ〜〜…

キ　なんだなんだ、急に目をキラキラさせて…

師　この愚か者！

キ　え、ええ〜！　私ですか？

師　この世の中にはな！　無駄だと思われているものでさえも、無駄なもの

なんてひとつもないんだぞ。わかったか、キッチン。

キ　いやいや、アンズ一個で、またブッダみたいなこと言って……。

師に問う

私は不動産の営業をしています。事務所は狭く、社長含め社員10名が窮屈に仕事をしている職場なので私の隣には社長が座っています。社長は57歳、男性。この道30年、小太り、虫歯のため前歯が半分しかありません。隣に座っているのでいちいち社長の行動が横目で見えてしまい、いろんな行動が目につくのですが、もうガマンできない社長の行動があります。それは、電話で話をしながら自分のものを撫で上げることです。電話中、毎回です。しかも毎回、微笑んでいます。あれは何なんでしょうか？　一度遠回しに注意をしたんですが、治りません。男性にとってその行為はどういった意味があるんですか？　どう話をしたらやめてもらえるでしょうか？　私のプチストレスは溜まる一方です。

（ホソウィー／女性／33歳）

師　まぁ、プチストレスは溜まるでしょうね。その受話器を自分も触るかもしれないんだから。

キ　たしかに。その事実を知ってたら、あまり触りたくないかも。

師　だから股間を撫で上げる社長の癖をやめさせたい…と。

キ　けっこう切実ですね。

師　……だけどさ、赤ちゃんの頃から男は股間に手を突っ込んでいる生き物なんです。

キ　赤ちゃんの頃からねぇ。

師　はい。

キ　たしかに、こう股間に手を当てると落ち着きますよね…なぜか。不安なときとか、こうギュッとすると。気分がやわらぎます。……ちなみに一之輔師匠はどんな場面で手を？

師　そ〜ね〜、寝るときとかかなぁ。でも外ではあんまり触んないよね。

……あっ、床屋で散髪しているときとか新幹線で寝ているときとかは、周囲から見えない状態だったら股間に手を置いてるね。

キ　それも落ち着くってことなんですか……？

師　落ち着くってことなのかな。なんか蓋をしたくなるんだよ。

キ　蓋ねぇ。また手の長さと股間の位置が…

師　ちょうどいいんだよ。生き物としてうまくできてる。

キ　自然に手を下ろすとちょうどいいところに来てしまう構造になっていますからね。……ちなみに高成さんはどうですか？

タ　私は股間に手をもっていく習慣はないんですが、寝てるときに胸に手を当ててるらしいんです。

キ　乳首を隠すみたいにして？

タ　はい……

師　手ブラ!?

キ　手ブラですか？　今回の質問ともう関係ないじゃないですか。

タ　（照れながら）……うん。

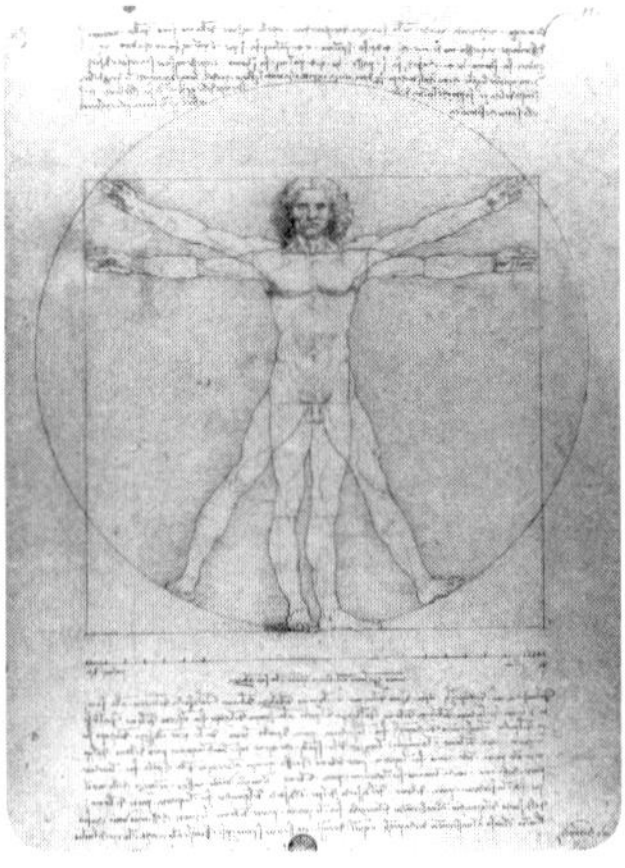

1485年頃、レオナルド・ダ・ヴィンチが記した「ウィトルウィウス的人体図」。

師　あはは、それはおかしいよ！
タ　たぶん子どもの頃から、そんなかっこうで寝ていたんだと思うんですが、大人になって妻に指摘されるまで気がつかなくて。
師　子どもの頃にバレていたら、絶対にあだ名は「手ブラ」だな。
タ　……ですかね。
師　話は戻るけど、社長は微笑んでいるんでしょ？
キ　みたいです。
師　微笑んでいるってことは心の安寧が保たれているってことでしょ？
キ　ま、そうでしょうね。その気持ちもわかります。
師　ということはだ！
キ　はい…
師　やめさせる必要ないよ。
キ　えっ？
師　それをやめさせたことによる悲劇を想像したことはありますか？…と、ホソウィーに訊きたい。
キ　悲劇を？

師　そう。社長がルーティンをなくしたことによって起こる悲劇…

キ　どういうことでしょうか。

師　たしかに気持ちはわかりますよ。股間をズボンの上から触って微笑んでいるんでしょ。小太りの60歳近い社長が。そりゃあ気持ち悪いよね。

キ　いずれ小太りの60歳になる予定の私は、なかなか素直にウンとは言えないですが、まぁ冷静に考えると普通に気持ち悪いでしょうね。

師　それでもいいんだよ、そのままで。

キ　はぁ……けっこう社長の肩を持ちますね。

師　だって、社長が覚醒剤やったり酒呑みながら仕事したりしているわけではないのだから。犯罪じゃないんだから。

キ　そうですけど…

師　それよりも、社長が股間に手をやる動作をやめることによってバイオリズムが変わってだね…

キ　バイオリズム!?

師　そう、それによって仕事の調子が出なくなって、会社が傾いていくかもしれないじゃない？　それでもあなたは止めますか？…って話だよ。

キ　「風が吹けば桶屋が儲かる」の逆バージョン。目の前の不愉快なことを注意したことによって最後には倒産。それは悲劇以外の何物でもないですね。……ひとつのことがどういうふうに影響、波及していくか…最悪の事態まで考えると急に怖くなってきます。

師　そうでしょう。人生の歯車はちょっとしたことで変わってしまうから。……ところでさ、この人「一度遠回しに注意した」って書いているけど、どうやって注意したんだろうね？「社長、痒いんですか？」とか優しく言ったのかな。

キ　どんなに優しく言ってみても内容はものすごいストレートですけどね。どういうふうに言ったのか知りたいですね。

師　キッチン、聞いてきてよ。

キ　今から!? 推測するに、まったく社長には響いてなかったみたいですけどね。……それじゃあ一之輔師匠的には、社長が股間をいじるのを注意する必要はないと？

師　この癖は性的なことではないと思うんだよ。……直接、ズボンの中に手を入れていたら別だよ。

キ　それはど真ん中の変態！

師　それでガサガサ高速で動いているんだったら……それはもうあなたね。

キ　即、通報です。

師　でもそうじゃないんでしょ？

キ　そ、そうですね。……だから師匠の答えは「社長は変わる必要なし」と。

師　ないね。

キ　な、なるほど……。でも、そうなるとホソウィーさんだけが、ストレスを溜めていってしまうようになるので、ならばホソウィーさんができる別の方法で解決できたらいいのかなと思うのですが…いかがでしょうか？

師　なんによるストレスなんですか、それは？

キ　えーと、そうですね。狭い部屋で…

師　触っているのを見るのが嫌ってこと？

キ　まぁそれだけでなく、いろいろ嫌なんだと思います。単純に上司だし、見た目も好きじゃないのかな。そういう人が同じ部屋で股間を触っているんですよ…しかも隣で。

師　ズボンですから大丈夫です！

キ いやいや、だから…

師 ズボンですから！　心配いりません。汚くないです。

キ ズボンの上だからってことですか？　まぁ、汚くはないかもしれませんが…そういう問題じゃ…

師 社長がそれをできないストレスと比べたら、あなたのストレスなんて小さいものです。

キ 我慢しろと？

師 我慢です！　何度も言うようですが、最悪の悲劇のことを想像してごらんなさい。

キ まぁそうなんですが、プチストレスっていうのはそういうことも理解したうえでも知らず知らずのうちに心の底に溜まってしまうものなのではないでしょうか？　こちらは考えたくないのに、目に入ってくるからどうしても気になってしまう。

師 ……

キ たとえば、狭い楽屋で先輩師匠が目の前で鼻毛を抜いていたら、どうですか？

師　それは嫌でしょ！　目の前で鼻毛を抜いているのを見ているのは。
キ　それじゃあそのことを注意できますか？　でも先輩だから言えないじゃないですか。この方もそういう気持ちなんだと思います。
師　う～ん。
キ　そこで、そういうストレスから逃げてしまえる方法があれば、ぜひ教えてください。
師　……自分も鼻毛を抜いてみたら？
キ　自分も、試しに？
師　そう。鼻毛を抜く楽しさがわかるかも。……案外気持ちのいいことなのかもしれないよ。「あー、これはやるよね！」って、納得できたりして。
キ　……ただ、話を戻すと、この方は女性なんです。
師　そこか！
キ　そこなんですよポイントは……ないんですよ。
師　いっそのこと社長のを触っちゃう。先に…
キ　触ってしまう！　見るのもイヤだと思っているのに!?
師　社長が受話器を取って、触ろうとしたら、ホソウィーはすかさず歩み寄って先に触る。社長は「おお〜…」ってなるから、「どうですか社長？　いつもこういうことしているんですよ」ってさ、言ってみたらどう？

キ どんな職場ですか!?

師 「落ち着かないよ！　君にやられても」ってなるとは思うけど。

キ 下手したらホソウィーさんのほうが捕まりますよ。

師 10人くらいの会社なんでしょ？　小さい会社だからアットホームなんじゃないの？

キ アットホーム＝何をやってもいい、わけじゃないですからね。

師 だけどさ、見たくないものって、つい見ちゃうんだよね。その狭間でストレスが溜まるんだよね。

キ 見るのもストレスだけど、見たくないけどつい見てしまう自分にもストレスが溜まってしまう。

師 そうなんだよね。だったらいっそのこと**思いっきり見とけっ!!**

キ 撫でているところを……？

師 そう。あと動画を撮る。

キ 撮っちゃうの？

師　証拠として。いまなら携帯ですぐ録画できるでしょう？　遠回しでは気がついてもらえなかったわけだから、今度は社長に直接ストレートに言ってみたら？「じつは社長にやめてほしいことがあるんです」って。

キ　社長本人に直訴するんですか？

師　うん。「それが社長にとって必要不可欠なことであれば、会社のために私も我慢しますが、一度私の意見も聴いてください」と丁寧にお願いして。

キ　なかなか勇気のいる行動ですが。

師　で、「じつは社長にご説明するため動画を撮影してまして……これをご覧ください」と。

キ　口頭で説明するのでなく、もうそのまんま見せちゃうんですか？

師　そう。それで動画を見せて、「おー、なんだね。ワシはこんなことをやっていたのかね〜」となったら、膝詰め突き合わせて話し合ってみるのはどう？　それで株主総会で動画をみんなで見て、どっちが会社の利益になるかを株主に決めてもらうとか。

キ　大きなスクリーンに社長が股間に手を当ててにやけている動画を映して、株主みんなで見るんですかぁ……なんか平和ですね。

師　そうそう。つまらないことだけどさ、つまらないことを一生懸命みんなで話し合うとさ、連帯感みたいなのが出るじゃない。まさにアットホームだよ。

キ　どっちかといったら、ホームルームみたいですけど。

師　それでも社長がやめなかったら、それはもう諦めるしかないけど。

キ　そうですね……でも、そこまでやったら清々しいかもしれませんね。

師　そうだよ。社長より気持ちいいよ、きっと！

キ　社長よりっていう比較はわかりませんが、やりきった感はありますよね。

師　そうね。そこまですれば不思議と気にならなくなったりするかもね。だけど……

キ　はい…？

師　結局は女性にはわからないんだよ……こればかりはホント申し訳ない。

相談者のその後

師の教えに従い、社長への注意を我慢して撫で上げるのを止めませんでした。そのおかげか、弊社の売上は前年比120％アップを達成しました。

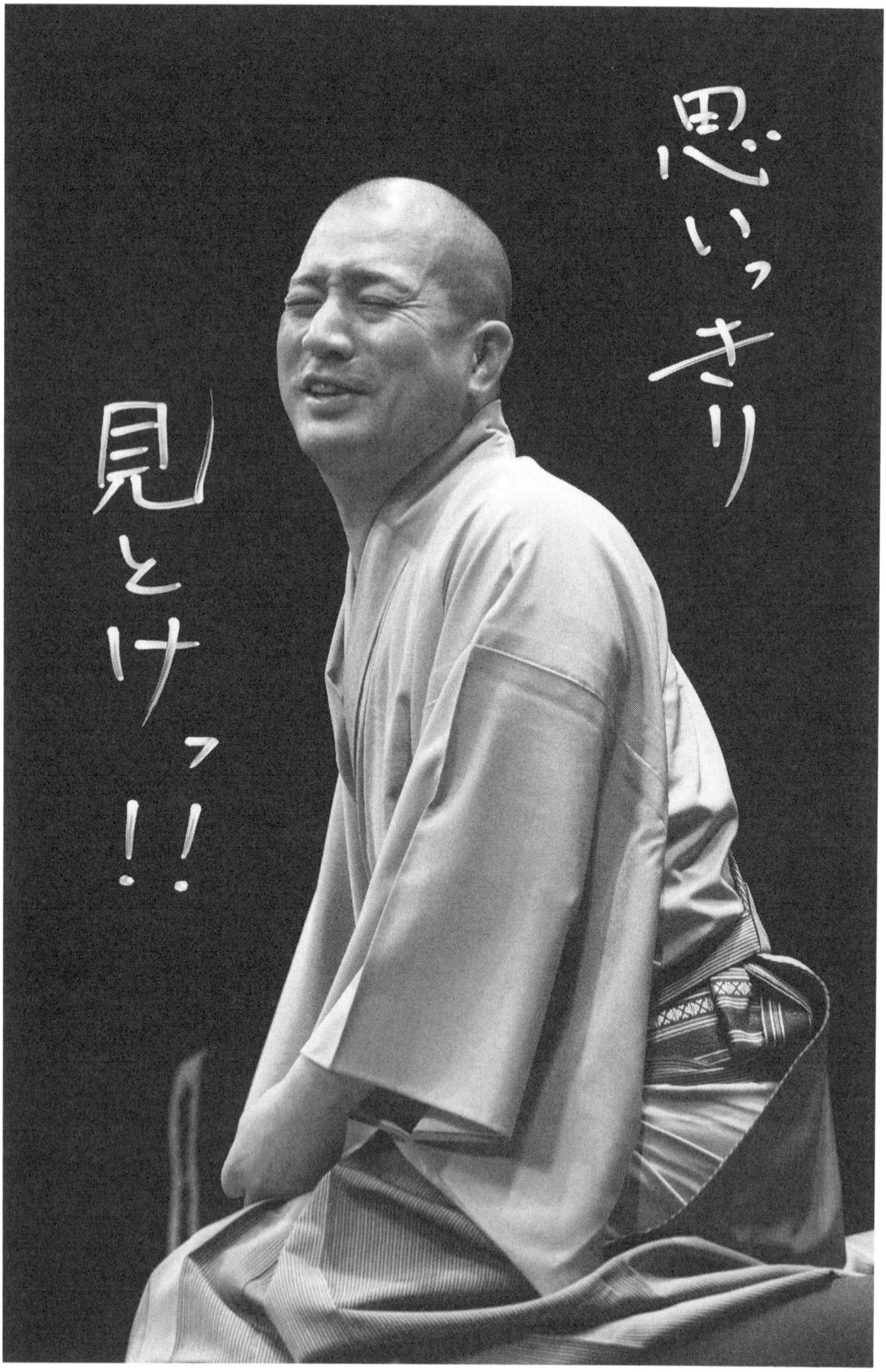
思いっきり
見とけっ!!

10 将来は社長かロックンロールスターです

ゴールデンウィークのとある日。連載第2回で「今年の目標は子ども達とアクティブに高尾山！（意訳）」と宣言していた一之輔師匠が、いよいよ高尾山に登るというので、私キッチンミノルも同行。初登頂を無事に遂げ、下山後はふもとの温泉で汗を流した。思った以上にハードな登山で、おじさん二人はビールを片手に口数が少なめで……。対して次男くんはソーダフロートを飲んでご機嫌です。

キ　ソーダフロート、いいね。頂上ではソフトクリームを食べていたけど、そんなに冷たいものばかりでお腹は冷えないの？

次男　だって約束だから。登山についていく…約束なんだよ。

キ　約束？

師　……まぁそうかもしれない。

キ　……どうも変だと思ったんですよね。「家族が誰もついてきてくれないからキッチン、一緒に行かない？」って言ってたはずなのに、今朝、現れたときに次男くんも一緒だったから。

師　一人はさすがに寂しいからさ。昨日もう一度聞いたんだよ。だけど家族全員に無視されて。苦肉の策で「アイス買ってやるぞ」って言ったら、こいつが目の色変えて「行く行く！」ってさ。

キ　愚策ですね。まったく親としての威厳がない。……アイスにつられて登山を決意する次男くんも心配ですよ。

師　たしかに、なんか買ってやるぞって言うとすぐついてくるからな、こいつは。

キ　そういえば、朝っぱらからパピコも食べさせてましたよね、あれも高尾山についてきてもらうための約束の一環だったのか……

師　面目ない。

キ　まえに「子どもたちと一緒に山に登って〝アクティブなお父さん〟像を示したい」〔注1〕と言っていましたけど……家庭内での人望のなさは深刻で

予想を超える険しさに苦労する一之輔師匠。富士山を眺める余裕はあったのでしょうか？

すね。

師　おい！

キ　〝アクティブなお父さん〟像を確立するよりも前に、するべきことがある気がします。

師　うるさいよ。

キ　次男くん、そういえば山で拾った汚い靴下って持ってきたの？　自分の靴下だって言い張ってたけど。

次男　うん。パパの帽子と同じ柄の靴下でしょ？

キ　そうそう。山に落ちてたんだよね、あれ？

師　こんな柄の靴下、持ってたか？

次男　持ってたよ！

師　だけど、なんでお前の靴下が片方だけ、高尾山に落ちているんだよ？

次男　知らないよ！　落ちていたんだから。

師　きたねぇから捨ててこいよ！　そんなの持って帰ったら、お母さんに怒られるぞ！

［注1］詳細は16ページ『朝礼のスピーチが苦痛です』をご覧ください。……あのとき師が語っていたことをこうして振り返ると、切なくなります。

次男　いや、喜ばれるね。だって、なくしたはずの片方の靴下があったんだから。お父さんの帽子の柄と同じ靴下だし、間違いないよ。

師　…………

師に問う

ロックンロールスターになりたいと仕事を辞め二年目になります。現在は家業を手伝いつつバンド活動をしています。今年の年始に一之輔師匠の特番をみて落語に打ちのめされました。初めてロックを聴いた時と同じ衝撃を受けました。そんな衝撃を与えてくださった師匠も下積み時代、落語を諦めて安定した職に就こうと考えたことがありましたか？　このまま行けば社長です。社長かロックンロールスター。ロックンロールスターになりたいです。

（グットマン／男性／24歳／東京都）

後日談

家に帰って、次男くんがリュックから取り出した片方の靴下を見て、おかみさんの顔色が変わった。次男くんが拾ってきた靴下のもう片方が、本当に家にあったのだ。一之輔家は歓喜そして困惑に包まれたそうだ。なぜ高尾山に次男くんの靴下が、しかも片方だけ落ちていたのか……？　高尾山は天狗が棲む山といわれ、多くの天狗伝説が残っているが、なにか関係はあるのだろうか？　その驚愕の真相は……運がよければ師匠の高座で聴くことができます。

師　わかんないけど。なりたきゃなればいいじゃん。

キ　……バッサリですね。

師　でも夢があるならいいじゃん。それで質問ってなんなの？

キ　「落語を辞めて安定した職につこうとしたことはありますか？」って。

師　ないよ！

キ　まったく？

師　ない。「安定した職」ったって、今ないでしょ。そんな仕事は。

キ　そうですね。安定してそうな仕事はありますけど、今の世の中、将来どうなるかなんてわかりませんから。（……質問と答え、もう終わっちゃった……）「このままいけば社長です」って書かれてありますが、この方の家業は安定した会社なんですかね。

師　そこまで書かれていないから想像でしか判断できないけど、家業といっても安定なんかないからね。このご時世。

キ　世の中どうなるかわからない。

師　社長になったら会社の責任を一身に背負わなければならないし、あなたがダメにしちゃう場合もあるんだから。油断しちゃダメだよ。……この

方、24歳でロックンロールスターになりたいということだけど、誰を目指しているんだろうね。

キ　誰でしょう？　師匠の子どもの頃、野田ではロックンロールスターって誰が流行っていたんですか？

師　野田で…？　バカ！　一緒だよっ!!　東京と。

キ　失礼しました……ミスチル〔注2〕とか？

師　まぁ、ミスチルも流行っていたかな。てか、ミスチルって「ロック」か？　グットマンさんは、「ロック」じゃなくて「ロックンロール」ですからね。

キ　〝ロール〟がつくといえば？

師　♪むえんなきばらはーんどーく！

キ　プ、プレスリー？「ハウンド・ドッグ」？？

師　エヘへ。

キ　いやいや照れられても。……だけどたしかにロックンロールスターっていえばプレスリーですよね。なんたってキング・オブ・ロックンロールですから。他に誰か思いつきますか？

師　……

〔注2〕Mr.Childrenのメジャーデビューは1992年。初のオリコン1位『innocent world』は1994年の作品でした。師が高校生の頃です

キ　どうでしょうか？

師　んあ〜…

キ　ちょっと！　気のない返事だなと思ったら、人が尋ねているのに爪楊枝で耳をほじりながらとはなんですか！　その態度はっ!!

師　爪楊枝の頭で耳かくと気持ちいいんだよ。

キ　集中してください！

師　……昔さ、「宮根すすむと日本の社長」ってバンドがあったね。

タ　宮〝尾〟ですね……イカ天〔注3〕の。

師　だからそれになればいいんじゃないの？　バンドと社長の両方だよ。

タ　「宮尾すすむと日本の社長」はあくまでバンド名で、学生バンドなので実際には社長ではないですが、大学卒業後はそれぞれ就職されて、現在も働きながらバンドを続けているそうです。

師　社長じゃないんだ。でも二足のわらじで正解。

キ　社長といえば、クレイジーケンバンドの横山剣さんは社長じゃなかったでしたっけ？

タ　自社レーベル「ダブルジョイレコーズ」の、肩書きは「代表取締役歌手」

〔注3〕TBSの深夜番組「平成名物TVいかすバンド天国」。放映時期は1989年2月〜1990年12月。師が小6〜中1の時期です。

だとか。〔注4〕

師　まさに、バンドと社長の両方だね。

タ　自分のアルバムをつくるために立ち上げた会社だそうです。また、「音楽で稼げないなら、自分が自分のスポンサーになればいい」って考えて、昼間は会社勤めして給料を得て、それを元手に音楽を続けてきたのも有名な話です。それで40歳くらいでブレイクしたという……

師　グットマンは24歳でしょ……若いねぇ。今のこのくらいの年齢って、一世代前の17～18歳くらいの精神年齢だよね。

タ　年齢については、「今は昔の八掛け」って言いますからね。

キ　師匠が24歳くらいの頃は……

師　前座1～2年目くらいかな。楽しかったよ。

キ　安定はしてないですよね？

師　安定を求めていたら落語家になんかなってないんじゃないの？　ハナっから。今だって安定はしてないし。

キ　グットマンさんの場合、二者択一しないといけないんですかね？

師　う～ん。この質問文からは「二つも選べるんです、ボク」っていう優越

〔注4〕このあたりの経緯は、横山剣さんの自叙伝『クレイジーケンズ マイ・スタンダード』に詳しく書かれています。発行元は小学館。イ――ネッ!!

感を感じるから……なんかイライラするんだよ。

タ キツく言ってやってください。こういう若造には！

キ 今日は高成さんグイグイきますね。……高成さんは仕事において諦めたことはあるんですか？　編集者にはなりたくてなったんですよね？

タ なりたくてなったんですが……編集者やりながら、スキルを磨いてコネを築いて、いずれはフリーのライターになりたかったんです。コラムニストみたいな。あの頃ってそういう方がいっぱいいたんですよ。

師 へー、渡辺祐さん的な？

タ はい。泉麻人さんとか綱島理友さんとか。

キ そういうのになりたかったんですか…

タ だけど……安定とっちゃった…

師 あはは、それ安定のほうがいいかも。

タ 横山剣さんもパール兄弟［注5］もそうですけど…

師 パール兄弟って、ボーカル誰でしたっけ？　医者の…

タ サエキけんぞうさん。歯科医師ですね。宮尾すすむと日本の社長もそうだけど、みな自分のお金を自分で稼いでバンド活動しているんですよね。

［注5］'80年代後半～'90年代前半に活躍したロックユニット。…なのですが、音楽と歯科医の両立を例示するなら30年もさかのぼらずにGReeeeNでもよかったことにあとで気づきました。

キ　この方はどうもそこが違うような……
タ　というと？
キ　「人生ゲーム［注6］」でいうと…
タ　はい。
キ　この人の場合は、夢のロックンロールスターが、自身が目指す成功のゴールなんですよね？
タ　そうでしょうね。
キ　で、その夢に破れたときの転落ゴールが「安定した家業の社長」って、どうしてもねぇ……
キ　高成さん的には許せない…と？
タ　だって、全然ロックじゃないじゃん！
キ　まぁそうだけど……酔ってます？　今日の高成さん、めんどくさいなぁ。（自分こそ安定を選んだくせに……）師匠も、もし落語家になれなかったら転落ゴール行きでしたもんね、家業なんてないですし。
師　そうね。いまからでも行くかもよ。
キ　ご実家ももともと貧乏で…

［注6］タカラトミーが発売する国民的ボードゲーム。が、もともとはアメリカ生まれ。2018年は日本発売50周年の記念イヤーでした。

師　失敬な！　……中の下か、下の上ってところかな。子どもが4人いて、マイカーは中古のカローラで、お袋も内職していたけど。

キ　落語家以外のゴールはなしかぁ。

師　人生を選べる優越感に浸るくらいなら、彼は両方の頂点を目指すべきでしょ。それがいちばんロックでしょうが！

キ　優越感に浸っているかどうかは解釈の違いですが、ふたつの選択肢が目の前にあるからって、どちらか一方に決めるのじゃなく……

師　両方やる！

キ　自分の会社の売り上げもアップさせて……

師　ガ〜ンとね！

キ　ロックンロールスターとしての名声も……

師　得る！　どうせやるなら両方だ。

キ　たしかにそれが最も苦しい道のりでしょうけどね、両方を本気でやるっていうのは。

師　社長になる選択を、保険のつもりで残すくらいなら辞めちゃってほしいね。それじゃないとかっこよくないし、家業のおかげでロックを続ける

キ　なんて、それはプロじゃないよ。単に道楽だよ。

師　どっちもプロとして自覚を持って、それぞれ単体で成り立たせないと…かっこわるい。つまり、ベストは**両肩にチャンピオンベルト**なわけ。言ってみれば二階級制覇だよ！

キ　に、二階級制覇!?

師　両方とも世界一。かっこいいのは二つともやることだよ。いまは三階級、四階級制覇を目指すチャンピオンだっているんだから。

キ　そうですね。……ただボクシングの場合は、やっていることは同じですけどね。体重の違いなだけで…この方の場合は「二階級」というよりは「二分野」なのであって、厳密に言うと…

師　おい！　揚げ足をとるんじゃないの、キッチン!!　わかってますよ、オレだって。たとえだから、あくまでも。

キ　す、すみません。つまり、二つの道があっても二者択一で選ぶのではなく、両方とも頂点に立ってしまえってことですね。

師　そう。あなたはそれができる立場にいる。世の中にその立場にいる人ってそうそういるもんじゃないんだから。……ときには、その二つが融合してもいいじゃない。

キ 融合？ …といいますと？

師 ロックンロール煎餅とか、ツイスト饅頭だとか。エレキ最中もいいじゃない。

キ 家業は和菓子屋さんだったの？ なんか家業のイメージが片寄っているなぁ……

師 知らないよ！ なに屋なんだよ！ こいつは。

キ 逆ギレやめてください。

師 なんでもいいけどさ、家業とロックとを繋げてもらえたら嬉しいんじゃないの、お父さん的にも。質問のなかで優越感をちらつかせるくらいならさ、両方に本気で取り組みなよ。

キ なるほどなぁ。

師 本当に本気なら決めてるはずだからね、すでに。ロックだけやりたいんだったら、こんな質問ありえないから。

キ そうですよね。一本に決めていたらそのまま進むだけですからね。

師 本気なら、退路を断ってロックをやっているはずなんで。安定が大事な

らロックは趣味でやればいい。そんなことを質問してくるヤツには「両方やれ!!」と言いたい。

師　両方の頂点を本気で目指せ！……と。

キ　そう。片方の肩にはロックンロールスター。もう片方の肩には和菓子屋の御曹司という。

キ　だからなんで和菓子!?　しかも御曹司のままじゃダメでしょ！　みずからさらに切り拓いていかなくちゃ!!

師　なんかオレのイメージだとそうなんだよね。和菓子屋の御曹司。

キ　……高成さん、納得していただけましたでしょうか？

タ　う〜ん、夢が破れたから社長になるっていうのがなぁ……

キ　まだ、そこに引っかかってるんですか……めんどくさいなぁ。

タ　「ロックンロール」とか「スター」っていう言葉選びもちょっと古いですよね……

師　そんな奴はなにやっても成功しないと？

タ　そこまでは言わないですが、でもなぁ……

キ　たいていの親や親戚のおじさんっていうのは、こういう厄介な反応するよなぁ。そこを説得するのって、いちばん難しいし、めんどくさいっスよね。ときにはもっと辛辣なことを言ってくるから。

師 だけど、そこを説得しないと始まらないのも事実だから。本気を見せてほしいよね。

両肩にチャンピオンベルトを！

11 ムスメが口に含んだものを私めがけて……!

梅雨寒の小雨そぼ降る神保町の夜。高座帰りの一之輔師匠を捕まえて、ラストオーダー寸前にいつもの居酒屋へ滑りこむ。梅雨が明ければいよいよ夏本番。ゴールデンウィークに高尾山登頂を果たした師匠に、次の目標を改めて尋ねてみた……。

師　とりあえずビールを。

キ　あっ、私はハイボールでお願いします。

店員　ハイボールは3種類ありますが、どちらにしましょうか?

師　いちばん安いのでお願いします。

キ　ちょっと!　選ばせてくださいよ。

師　ハイボールは安い酒のほうがうまいんだよ。

タ　じゃあこちらの方に、いちばん安いハイボールを。

キ　おーいッ！

師　……そういえば、高尾山に登ったときの歩数計の数が18000歩になってたぞ。

キ　そりゃあ疲れるわけだ。だけど良い時期でしたね……山に登って、温泉に入って、ビール飲んで。

師　気持ちよかったね、行ってよかったよ。……キッチンは高尾山に登った後、どうした？

キ　家に帰って爆睡でした。師匠はどうでしたか？

師　夜に寄席があったけど、それまでぐったりしていたよ。……でも次男はさ、あのあと学校で遊ぶんだと言ってさ、走って出かけてったよ。元気良すぎ。びっくり。

キ　本当に行ったんですか!?　登山の最中も「今日は校庭開放日だから、帰ったら遊びにいってもいい？」って尋ねてましたけど。おじさん二人ヒーヒー言ってんのに、一人でピョンピョン走りまわってましたもんね。

師　信じられないよ。

キ　……とはいえ、これでもう「高尾山に登る」という今年の目標は達成しちゃいましたね。次の目標は定めてあるんですか？

師　う〜ん……サーフィンかな。

キ　え〜〜ッ！　山はもう終わり？

師　うん。

キ　山の次は海ですか。しかも今度はサーフィンって……やったことはあるんですか？

師　ない。それ以前に泳げない。海で泳いだことがない。子どもの頃から、海では泳ぐんじゃなく浮くもんだと思ってきたから。

キ　千葉なら海に近いのに。

師　野田は海から近くないよ！　千葉を知らない連中は、千葉県全域が海に近いと思ってるんだよな。千葉を理解していない人が日本中に多すぎて、オレは辟易している。

キ　千葉県民は「海の民」ってイメージですけどね。昔は房総半島全体が島だったそうですし。

師　「昔は〜」って、いつの話だよ!?　それって縄文時代の話でしょ。……千葉はね、オーストラリアぐらい広いから！　オレの中では。

キ　はぁ。

師　さっきの話はさ。シドニーの人に「小学校の遠足はやっぱりエアーズ・ロックでしたか？」って訊いているようなもんだよ。〔注1〕

キ　……。

師　「行ったことねぇよバカヤロー！」って言われるだろ。

キ　まぁ。

師　それくらい広いんだよ、千葉って。海側と内陸とでは気質も違うし。

キ　じゃあ海には…

師　旅行で行くんだよ、オレら内陸の人間は。日帰りじゃなくて一泊して。……民宿だったなぁ、子どもの頃は。ボロボロの民宿でね。

キ　外房ですか？

師　鴨川。だいたい毎年行ってた。シーワールドに行ったり。それと仁右衛門島〔注2〕。

キ　泳げないくせに？

師　沖まで行かないから。その辺でパシャパシャするだけだから。

キ　私は海で泳ぐ楽しさがイマイチよくわからないんですけど。海水を飲ん

〔注1〕シドニー中心部からウルル（エアーズ・ロック）までは直線距離で約2160㎞。ちなみに東京〜北京間が約2100㎞。Googleマップのルート検索によると、自動車では約30時間かかるそうです。

〔注2〕鴨川市太海の沖合に浮かぶ、約3万平米の島。源頼朝や日蓮の伝説が残る。

だらしょっぱいし、ヒリヒリするし。

師　乾いたらベトベトするしね。砂がつくしな。そう言われると、オレもそんなに好きじゃないかも。

キ　そうなんですよ。よく考えると自然の中で泳ぐのが目的なら、川のほうが断然気持ちいいと思うんです。

師　……おい！　千葉をバカにすんなよ。

キ　いやいや、千葉はバカにしてないです。だって千葉にも良い川はあるでしょ！　養老渓谷とか。……海そのものについての考察です。被害妄想ですよ。

師　考察？　う〜ん。

キ　急に「海の民・千葉県」の代表みたいな顔されても……海から遠いくせに。

師　うるさいよ。

キ　それじゃあ、今年の後半の目標は「海でサーフィン」ということでいいですね。

師　……いや、やっぱり筑波山にしておこう。久しぶりに登ってみたいし。

キ　ブレるなぁ。……では、高尾山に登ったことで、次回の筑波登山に活か

鴨川の砂浜で波と戯れる、少年時代の我らが師。（写真提供：川上家）

せる教訓みたいなものってありましたか？

師　もっと大きな声で挨拶しておけばよかったなって思った。

キ　挨拶ですか？

師　そう。新鮮だったんだよ……すれ違う人と挨拶するの。あれは気持ちよかった。

キ　なるほど。そういうもんですかね。でも楽屋でいつも挨拶しているじゃないですか？

師　そういうんじゃないんだよ！

キ　それでは今年後半の目標は、「筑波山に登って、大きな声で挨拶をする」で決まりですね。

師　まあ、そういうことになるかな。

キ　小学生の目標みたいですけどね。

師　…………小学生をなめちゃダメだ。高尾山の後に校庭開放へ走って行くんだぜ。

師に問う

7か月児の育児をしています。ムスメが離乳食を完食しません。あろうことか、私めがけて口に含んだものを噴きとばします。なんだろうこの仕打ち……。心が折れそう。師匠とキッチンさんの本『春風亭一之輔の、いちのいちのいち』で、師匠が娘さんに上手にご飯を食べさせているお写真を拝見しました。子育ての先輩として、なにかアドバイスをお願いいたします。

（テンパり母ちゃん／40歳／女性）

師　……ハンドルネームに切実さが出ています。生後7か月かぁ、大変だよね。40歳ってことはやっとできたお子さんなのかな。まずは、無事の出産おめでとうございます。

キ　たしかに『〜いちのいちのいち』で、師匠が娘さんにご飯を食べさせている写真ありましたね。

師　あのときはもう幼稚園の年長だったから、自分で食べていないとダメな時期だけどね。

キ　娘さんが7か月くらいの頃って、師匠はまだ二ツ目ですね？

師　そうだよ。メシ食わせたりしてたね。もちろん、ブ〜ッって噴きとばされたりもした。それをゴックンして食べられたら「えらいね」って感じだったなぁ。……毎日ちょっとずつ成長して、ひとつひとつのことがレベルアップしていく。あとになって振り返ってみれば、本当にいい時期なんだよね。

キ　当時はそんなふうには思わなかったですか？

師　子育ての最中は必死だからね。

キ　では悩んだりしたことは？

師　オレは悩まないけど、かみさんは悩んでいたと思う。完璧にやろうと思うほうだからね。かみさんも長男のときは相当テンパってたんじゃないかな。最初の子っていうのは特にガチガチになるから。……だけどさ。完璧にやろうとしても「こりゃもうダメだぁ〜」と思う状況になったら、本当にダメなんだから、いくらあがいても。

キ　諦めちゃうんですか？

師　諦めるっていっても、手放しで放棄しちゃうんじゃなくて、「できないもんはできないんだからしょうがないよね」と思ってしまうというか。

キ　師匠は根がノーテンキだからなぁ、うらやましいですよ。

師　おい！

キ　そういう考え方って、どこからくるんでしょうか？　師匠自身の修行時代と子育て時期とが、偶然重なったということが大きく影響していると か？　家では父親として育児をしつつ、仕事では一之輔師匠のほうが一朝師匠の子どもみたいな存在で、一朝師匠が自分を育ててくれている……「そのやり方を見て自分の子育てに反映させた」みたいなことってありますか？

師　……う〜ん。ないね。

キ　あ、ないですか…

師　育てられている最中の人は、「あ、今オレ育てられてんなぁ！」なんて考えないじゃん。修行時代は、目の前のことをこなすだけで精一杯だったから。師匠は今オレを育ててくれてんだな…って意識はなかった。

キ　たしかに、自分の場合もそうですね。僕もたくさんの先輩方からの叱咤激励のおかげで、今はなんとか写真で食べていけていますけど、あの頃どんな気持ちで先輩方がいろんなことを教えてくれたのかは、今になってやっとわかるようになってきたと思います。

師　だから、子どもも同じでしょ。「親は勝手なことを言いやがって！」とか思うわけでしょ。ましてや7か月の赤ちゃんだったら、なにもわかってないよね。

キ　そうでしょうね。

師　この時期はさ、無理に完食しなくたっていいんだよ。

キ　そうなんですか。

師　赤ちゃんが食べないときは、おなかがいっぱいだから食べないだけでさ、おなか空いたら食べるんだから。……それが2歳くらいになると、食べられるくせに食べなくなる時期が来るんだよ。〔注3〕

キ　いわゆる「イヤイヤ期」というやつですか？

師　そう。好きなものしか食べなくなったりするから、そのときには「嫌いなものも食べなくちゃダメだよ」って教えないといけないけど。

〔注3〕あくまで一之輔師匠個人の見解です。また乳幼児の成長には個人差があります。……お子さまの成長を温かく見守りましょう！

キ　さすが子育てしている人は、実感がこもっていますね。

タ　世界中のすべてのパパママが、最初はみんな初心者なんですから、ひとりで悩まずに、各自治体の相談窓口や「ママさん110番［注4］」みたいな無料電話相談室を利用されることをお勧めします。

師　質問に「私めがけて口に含んだものを噴きとばします」ってあるけど、そんなことはないと思うよ。噴いた方向に偶然あなたがいただけ。7か月くらいの子どもには、〝あなためがけて〟なんて意志はないから。

キ　たまたまお母さんがそこにいただけか。そうかもしれないですね。

師　だから、今度は測ってみたらいいんだよ。

キ　……え？　なにを？

師　ピュ〜ッと飛んだ距離を。ブ〜ッときそうだなと思ったら、すかさずよけてさ。「今日はここまで飛びましたよん！　大将〜っ!!」みたいな感じで。

キ　急に誰ですか？

師　幇間《たいこもち》だよ。

キ　たいこもち!?

［注4］社会福祉法人 日本保育協会が運営する育児相談のホットライン。TEL 03－3222－2120（月曜から金曜の10時〜16時）

師　そう！

赤ちゃんはお客。あなたは幇間。

キ　はぁ……

師　ごはんをあげるときもさ、「ヨッ！　ヨ〜！　どうですか、こちらは？　大将がお好きなんじゃないかと思いましてね！　こさえてまいりやしたョ」なんてね。

キ　へりくだるなぁ〜。

師　そうそう。思いっきり自分の赤ちゃんにへりくだってみてさ。赤ちゃんがモグモグしてペッて吐き出したらさ。「おや、お口に合いませんでしたか。こいつはどうも失礼しやした〜」って。

キ　軽いなぁ〜。

師　「それじゃごはんはよしにして、これからお風呂はいかがです、大将？」「あら、大将、お風呂は今は嫌でござんすか？　それじゃあ体を洗うだけにしやしょうか」「いやー、いつ見ても惚れ惚れするお肌でやんすね。艶といい張りといい、さぞかしおモテになるんでございやしょ？　うらやましい、吸いつきたい！　いよッ!!　すごいっ!!」なんて言ってさ。

キ　そんなことやっているお母さん、面白いです！

師　ヨォ、ヨォ！

キ　だけど……そういうのって、自分に余裕がないとできなくないですか？

師　いやいや、逆だよ。テンパり母ちゃんはさ、文面から察するに、そうといっぱいいっぱいな状況でしょ。

キ　そうですね。「心が折れそう」とまで書いていますから。

師　いろいろやってみたけどうまくいかない。周りに助けてくれるような人も少ないのかな。もう何も打つ手がない。

キ　はい。

師　だから最後の手段なんだよ、幇間になることは。これが最後と思って、思いっきりへりくだっちゃう。親が子どもにへりくだることなんてないでしょ？　一生懸命やる必要はないよ。あくまでもシャレでね。誰も見てないんだから。ヨォ、ヨォ！……なんて言っちゃって。

キ　軽いノリで？

師　そうそう。自分の娘に追い詰められすぎて、娘の幇間になっちゃって。……幇間をやってるお母さん自身も楽しくなってきちゃうよ。「あたしもついにここまできたかぁ～！」ってさ。……ずっとやり続けなさいっ

てことじゃなくて、ちょっとだけでいいの。

キ　それで赤ちゃんが笑ってくれたりしたら…

師　「おっ、大将、いまのお気に召されやしたか？　あたくしにとってはあなた様の**笑顔がいちばんのご祝儀**でございますョ」……なんて言ってみたりして。

キ　なるほど。赤ちゃんが笑ってくれるのを見られたら、お母さんも嬉しいわけですからね。こんなご祝儀はないですよ。

師　そしたら、赤ちゃんも察するね。〝この人、今日はなんだかいつもと違うぞ…〟って。

キ　いつもはイライラしながら自分にごはんを与えているお母さんが…

師　急に幇間になるわけだから。イヨ〜ッ！

キ　おっ、調子が出てきましたね！

師　「ヨッ！　赤ちゃん！」ってさ、赤ちゃんを客だと思って。

キ　生後7か月だと、まだ喋らないですからね。

師　そうだよ。喋らない客の気持ちにどう寄り添うか。これができたら立派な幇間ですよ。ねぇ、大将！　イヨ〜ッ!!

キ　いやいや、そんなこと言いながら右手を出されても。なぜか無意識に財布を開こうとしちゃったよ…私はあなたのお旦［注5］じゃないっ！　プロの腕で私を盛り上げるのはやめてください！

師　相変わらず堅物だね〜、キッチンは。出しちゃえばいいんだよ、勢いで。そんなんじゃ、いつまでたってもいいお旦になれねぇぞ！

キ　そうかぁ、そうですよね。じゃあこれで旨いもんでも…ってなるかいッ！

師　……だけどさ、そうはいっても急に赤ん坊相手にふざけるなんてなかなかできないのも実情だよね。親は親で子育てに一生懸命だからね。

キ　初めての育児だと気持ちに余裕がないでしょうし。

師　だからせめて家にいるときは、気楽な落語でも流してさ、肩の力を抜いてほしいね。映像はなしで、音だけ流して。……早い段階から親以外の人の声を聞いている子どもって、自然に社交性が出るんじゃないかって思うんだよね。

キ　その裏付けは？

師　まったくない。けど、落語なんてまさにベスト・チョイスだよ。

キ　それじゃあ、乳幼児を育てるのに優れた効果を期待できるオススメの落

［注5］芸人の上客。パトロン、スポンサー、ご祝儀をはずむ客などを指す。「旦那」に「お」をつけて「お旦」。

語家さんって誰かいますか？

師　オレだね。オレの落語！

キ　あ、圧がすごい。なんだ急に？　……それじゃ師匠としては、こんな演目を聞いたらいいよみたいなオススメありますか？

師　オレの落語すべて。

キ　オレオレうるさいなぁ……すべてですか。そしたらYouTubeかなんかで適当に探せばいいですかね？

師　ダメです！　ちゃんとＣＤを買いなさい。……買ったＣＤを聴かせるほうが、子どもの情操教育に効果があると思う。

キ　その裏付けは？

師　まったくない。……けど、そこは気を遣えよ！

相談者のその後

離乳食の飛距離は20センチでした。幇間ごっこは、参考資料に師のＣＤを買うほどハマってしまいました。今ではベビーカーを「アラよっ！」と押す俥屋さんもやっています。

赤ちゃんはお客
親は幇間
笑顔が祝儀

12 中学生になったのですが……

7月……子どもたちにとっては夏休みが待ち遠しい時期。花火…スイカ割り…ラジオ体操…そして宿題の自由研究。一之輔師匠にも少年時代の夏の思い出を尋ねてみた。そして、本日の質問はなんと12歳の女の子から。少女のリアルな悩みに、大人として如何なる答えを導き出すか……？

キ　……いよいよ夏らしくなってきましたが。夏休みの宿題って真面目にやるほうでしたか？

師　まったく。というか全然覚えてない。

キ　思い出の自由研究とか、一つくらいあるんじゃないですか？

師　う〜ん……そういえば小4くらいのときに、蚊の研究っていうのをやっ

たなぁ。

キ　蚊の？

師　そう。蚊をいっぱい袋に集めてさ、その中に手を突っこむっていう自由研究。

キ　……想像するだけで壮絶な研究のようですけど、どんなことがわかったんですか？

師　「すごく痒くなる」ということがわかった。

キ　いやいや、その程度のことなら、わざわざやらなくてもわかるでしょ！　蚊を集めて手を入れている時点で、蚊は血を吸うってことは知っているんだから。もし小4になるまで「蚊に咬まれると痒くなる」ってことを知らなかったとしたらですよ、なぜその年齢まで知らずに過ごしてこられたのかっていう、そっちを知りたいですよ！

師　相変わらず理屈っぽい。……ちゃんと時間帯を変えてやったんだよ。朝昼晩って。

キ　なぁんだ、ちゃんと研究しているじゃないですか。それで、それぞれの違いがやっぱりあったんですね。

師　……いや。朝に咬まれすぎて、昼以降はよくわからなかった。

キ　……

師　腕がボッコボコになっただけ。だから1日でやめた。

キ　なんか泣けてきますね。それで、その自由研究を提出したときの周りの反応はどうだったんですか？

師　それは提出していない。

キ　ん？

師　内々で納めたから。

キ　研究したことすら、誰にも言わずに？

師　そう。

キ　………………うーん。

師　……いまなら寄席に一日中、毎日通って研究すればよかったなと思う。

キ　あっ、それは面白そうですね。

師　代演が多いのは誰だ…とかさ。「この人は土日に休みがち」とか、「漫談ばかりだな」とか。

それなら鉄道の自由研究をすべきだったのではと思わせる、小4の頃の師の姿。（写真提供：川上家）

キ　えっ……そういう研究!?

師　だって、演者に関して研究している人は、堀井憲一郎さんとかたくさんいるでしょ。一緒のことをやっても面白くないじゃない。だから、いろんな寄席に行ってさ、お客さんの反応の違いとか、携帯が鳴った回数とかさ。

キ　ちょっと視点を変えて見てみよう…ということですね。言われてみればそういうこと調べたら面白いかも。くだらないかもしれませんけど。

師　くだらなくていいんだよ。寄席ごとのお客のマナーの研究とか。一覧表を作成して、それぞれの違いを比較したり。

キ　落語家さんだけでなく、それを取り巻く環境まで含めて、なにか研究しようと考えたら、いろいろなテーマがありそうですね。

師　子どもだから、時間があるからできる研究だよね。売店でなにを売っていて、なにが売れているのかとかさ。

キ　そしたら毎日ずっと寄席通いかぁ。忙しい夏休みになりそうだけど、思い出に残る夏休みになりそうですね。

師　そうだろうけど、夏休みが終わるころにはさ……

キ　はい。

師　寄席のことが大好きになるか大嫌いになるか、どっちかだろうなぁ……

師に問う

中学生になったのですが、スクール水着はワンピタイプがいいでしょうか？　上下わかれているのがいいでしょうか？　普通のやつがいいでしょうか？　来週、学校で買うので困っています。

（モン様ミッシェル／女性／12歳／静岡県）

師　……12歳！　中学生!?　若いね。

キ　そしてこの方、一之輔師匠の独演会に今年だけでもう3回も行ったと書いてありますよ。

師　将来が心配だなぁ。嬉しいけど。

キ　ところで、スクール水着ってそんなに種類あります？

タ　それが調べてみたら、本当にいろいろあるんですよ。ネット検索したら、いまはセパレートのスクール水着も普通に売られていることがわかりました。〔注1〕

キ　へぇ〜！

タ　ワンピースの水着も、昔のレオタードみたいな形だけではなくて、スカートみたいなフリフリがついているタイプや、短パンぽいのもあるし、逆にバリバリ競泳水着みたいなのもあって、かなりバラエティー豊かです。

師　いろいろあるもんだね。

キ　来週、決めないといけないみたいですが……

師　間に合わないじゃん！

キ　そうですね。

師　しょうがないけど。それでオレに決めてもらいたい…と？

キ　そうみたいです。

師　オレの好みを教えてくれってこと？

キ　そのまま答えたら、ちょっとおかしな空気になるので、師匠の娘さんがもし悩んでいたら…と想像して答えてもらえればいいのかなと。

〔注1〕「着替えがしやすい」「トイレに行くのが楽」「股下があり露出が少ない」などの理由で、現在は7対3でむしろセパレート型のほうが主流だそうです。

師　別に、好きなものでいいんじゃないの？

キ　選択肢があるから悩むんですよね。

師　そうなんだよ。学校が決めちゃえばいいんだよ、こんなの。……水泳の授業って今でも男女一緒なの？

キ　そうじゃないですかね。着替えるのは別だと思いますけど…

師　当たり前だ！

キ　つまりモテそうなのを選ぶってことですか？　もし娘さんが悩んでいたとしたら。

師　モテそうなのは選ばないな、絶対に。だってイヤでしょ、周りの男子からそんな目で見られたら。自分の娘がさ。

キ　変な虫がつくのはね。

師　もし自分で決められないのなら、お父さんに選んでもらうのがいちばんいいよ。

キ　そりゃそうですよ。真っ当な答えだと思います。

師　いちばんは自分で決めるべきだけど。

キ　自分の意思でね。

師　間違っても、**オレが決めるのはおかしい！**……百歩譲って、自分の子どもならまだしも。

キ　師匠が決める必要は……

師　ないっ！……赤の他人のおじさんがだよ、よその子のスクール水着を決めるってさ。

キ　冷静になるとおかしな設定ですもんね。ちょっと物議を醸すかもしれませんね。

師　そういうことはオレに聞かないでくれ！　間違っても「このスクール水着を着なさい」なんて言えないよ。

キ　素直に師匠が選んだ水着を着られても困りますしね。

師　なんかね。……この子に言っておいてよ、していい質問としちゃダメな質問があるんだよって。それでなくても、今の世の中はピリピリしているんだから。

キ　そういう機微をわかってくれる子だといいですね。

師　大丈夫でしょう。オレの落語を聴いているんだから。

キ　でも師匠なら、たとえ不祥事があっても、謝罪会見でうまいこと言って、

師　逆に評判が上がるタイプなんじゃないんですか？

そんな了見で謝罪会見なんてしたら、それこそ目も当てられないぞ。そもそも謝罪会見なんて、一生で一回もしない人がほとんどなんだから。しなくていいならしないで死にたい。

キ　一度くらいは師匠が謝罪会見しているところ、撮りたいなぁ。

師　オイッ、人の話を聞け！

キ　……会見場に神妙な面持ちで独りで現れる師匠…記者たちが駆け寄って取り囲む…師匠は下を向いて立っている。……10秒ほどの沈黙ののち、ゆっくりと前を見据え、口を開こうとする師匠。……昨夜は寝ていないいのだろうか…充血した目が事態の深刻さを物語る。……ついに静寂が破られた。ここぞとばかりにシャッターを切るカメラマンたち…目の眩むようなフラッシュの雨！　それを遠目から撮るのもいいですね。……記者からの質問の矢が刺さる。そのとき、師匠の瞳からは……っ!!

師　こらこら…

キ　うわぁ〜〜…　そのあとの楽屋風景も気になるなぁ。……広い部屋の片隅にポツリ…弟子たちは遠くから心配そうに師匠を見つめている…コップに注いだ水をそっと差し出すおかみさん…師匠が絞り出すように一言、「ごめん…」。絵になるなぁ。謝罪会見の一日かぁ。写真集になるかも。どうかなぁ……

師　ちょっとちょっと、キッチンミノルさん。

キ　はい？

師　言葉に霊力が宿る「言魂《ことだま》」ってのがあるらしいから、冗談でもやめてくれないか。

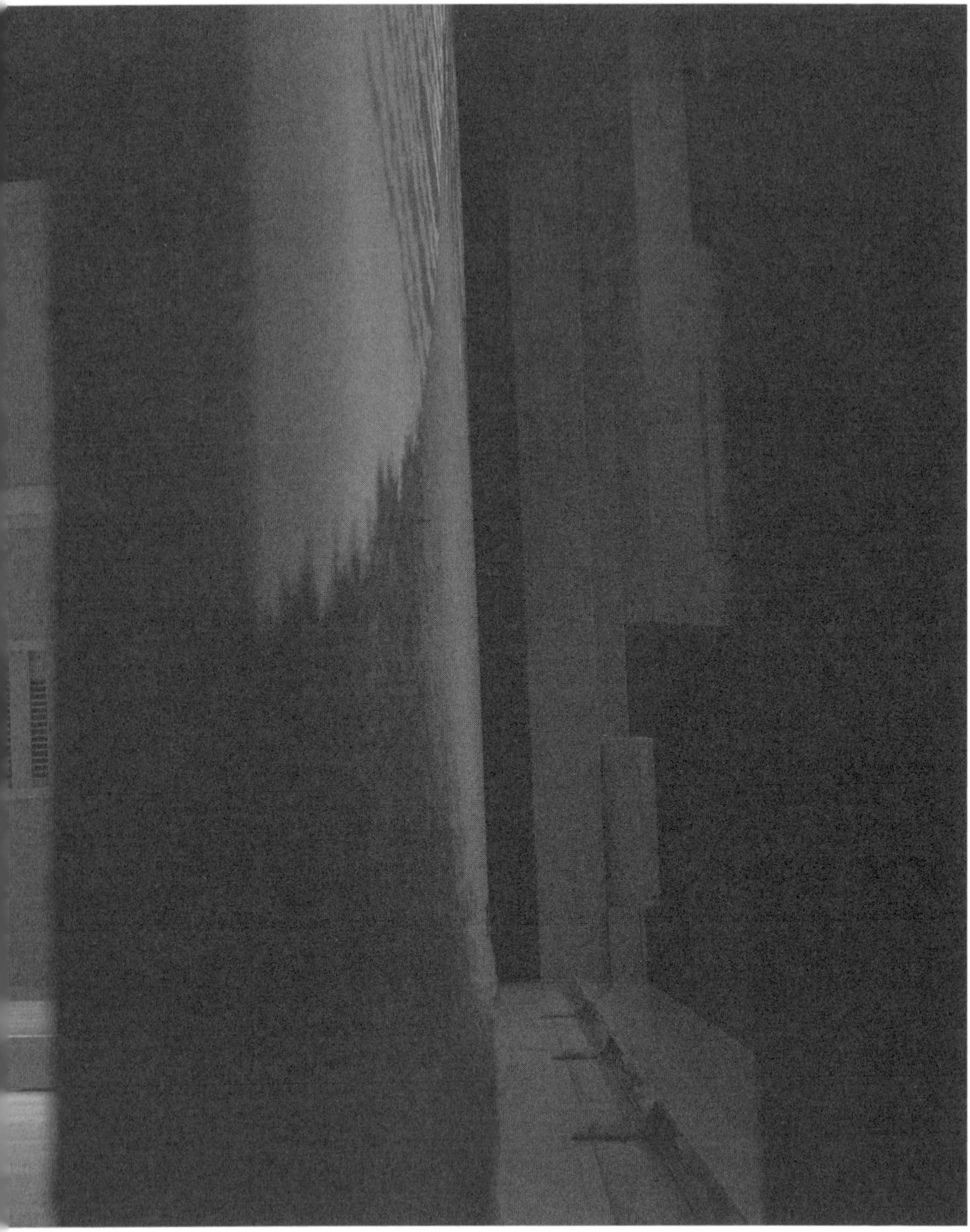

オレが決めるのは、
おかしい

13
つけまつ毛に、もやもやしています

夏は薄着の季節。テレビや雑誌ではダイエットの特集が盛り上がる。若いつもりでも新陳代謝の悪くなった不惑の師匠も悩みは一緒。そして今回は大人の入り口に立つ16歳女子からの相談。おじさん二人が、思春期の女の子の気持ちを想像しながら、あーだこーだと考察していく……。

師 おなか減ったなぁ。

キ じゃあ、がっつりいきますか？

師 だけど最近、太ってきたからなぁ。

キ またですか？

師 そう、また。

キ 痩せたり太ったりと忙しいですね。今回は太るきっかけって、なにかあっ

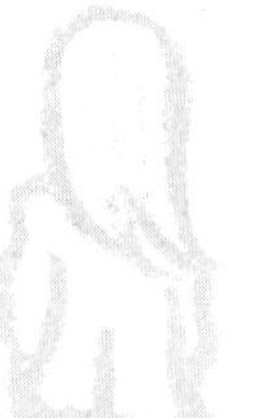

たんですか？

師　なにも考えないで呑み食いしてりゃ自然と太りますよ。きっかけもなにもないよ。そういうもんでしょ？

キ　はぁ。

師　気をつけりゃ痩せるし……その繰り返しだよ。死ぬまで。

キ　死ぬまで……

師　だから今日、NHK『ためしてガッテン』の「計るだけダイエット」っていう表をプリントアウトして冷蔵庫に貼ってきたから。

キ　一之輔さんが折れ線グラフを書いている、あの紙ですか？

師　そう。2年に一回くらいのペースで出現する、あの紙。……まぁ太って痩せてまた太って。グラフを書いてはまたやめて。その繰り返し。

キ　太り続けるわけにもいかないですしね。

師　ほら、「♪おえんなきばらはーんどーく」の人はさ…

キ　エルビス・プレスリーですね。そろそろ名前、覚えてください。

師　ドーナツの食べ過ぎで死んだんだよ。ドーナツ中毒で。〔注1〕

キ　へぇ……ドーナツ中毒っていうのがあるんですね。

〔注1〕「プレスリーはドーナツを食べ過ぎて死んだ」は都市伝説。おいしいドーナツは食べたら止まらないとしても「ドーナツ中毒」ではありません。

師 最後の一言が「モア・ドーナツ！」だったんだから。

キ すごいドラマティックですね。

師 ……知らないけど。

キ う、うそなの？

師 じゃあ「ノー・ドーナツ、ノー・ライフ」は知ってる？

キ 知らないです。なんだかタワレコのキャッチコピーみたいですけど……

師 違うよ。プレスリーのこの一言を、のちにタワレコがとったんだよ。

キ はぁ……

タ シングルレコードのことをドーナツ盤って言いますからね。

師 ………

キ （黙っちゃったよ……）

師に問う

つけまつ毛、それは女を化けさせる必殺技です。「あれ、かわいくなった？」と思うとたいていの人はつけまつ毛をしています。まつ毛は目に埃が入らないようにするために生えているのではないのですか。なぜ人間は作られた美しさを求めるのでしょうか？　不思議で不思議でなりません。もやもやするので師匠なりのお答えをいただけたら嬉しいです。

（アイアイ／女性／16歳／東京都）

キ　16歳、女子高生からのお悩み相談です。

師　オレはまつ毛が長いんでね。つけまつ毛をする必要ないんですけどね。

キ　はぁ。

師　子どもの頃、マッチが何本乗るかって遊びをよくやったよね。３本くらいは平気で乗ってたよ。

キ　……はぁ、そうですか。

師　……なにか？

キ　ああ、すみません。その遊びを一度もやったことないんで、３本乗るのがすごいことかどうか、ちょっとわからなくて。

師　がっかりだよ。

キ　上のきょうだいにお姉ちゃんがいることが大きいんですかね？　ウチは兄貴だったので、まつ毛とかに関しては、二人してまったく興味がなかったと思います。

師　たしかに、姉貴に「お前はまつ毛が長いからいっぱい乗るだろう」ってマッチを乗せられた記憶がある。

キ　異性のきょうだいがいるって異文化交流みたいでいいですよね。うらやましいです。

師　……そもそもつけまつ毛って、いつぐらいからあるの？　昭和の頭くらいのムーランルージュ〔注2〕では、もうつけているイメージだよね。

キ　新宿にあったという劇場ですよね。

師　そうそう。ああいう派手な舞台に立たれているお姉さん方は、つけまつ毛してるよね。パチパチって。……でも昔の吉原の花魁とかは、つけまつ毛してないと思うんだけど。

キ　江戸時代の美人画では、切れ長の一重ですからね。

姉が3人。末っ子の長男だった我らが師。（写真提供：川上家）

〔注2〕ムーランルージュ新宿座。戦前、新宿駅そばに存在した大衆劇場。オープンは1931（昭和6）年。

師　つけまつ毛はかわいく見える人もいるけれども、明らかに長すぎで、いかにもつけていますって人がいっぱいいるでしょ。

キ　時々いますね。

師　バサッバサッて、音がしそうな人もいるよね。

キ　まばたきだけで飛べる人いますよね。

師　いない。まばたきして飛んでる人なんて見たことないよ。

キ　いやいや比喩じゃないですかぁ。

師　オレは見たことない。

キ　他人には厳しいんだよなぁ……

タ　ネット検索したところ、つけまつ毛は日本発祥だと書いているページがありました。

師　あー、欧米へのコンプレックスの現れかぁ！　まさに欧米の美女たちへの憧れがつくらせたものなんだ。〔注3〕

キ　……さて質問は、「なぜ人間は作られた美しさを求めるのでしょうか？」ということです。

師　化粧も含め…ってことだよね。

〔注3〕つけまつ毛の発祥については、マックスファクター1世がハリウッド映画のメイクアップ用に生み出したという説もあります。

キ　そうですね。アイアイさんは16歳だから、周りの友だちが化粧をしはじめる時期なのかな？　週末に学校の友だちとばったり会ったときに、「あれ？　このコ、ふだんよりかわいい？」と思ってよく見ると、つけまつ毛をしていた…みたいなことが多いのかもしれませんね。

師　なるほど。

キ　アイアイさんは化粧とかによって作られた美に対して懐疑的で、だからこそ、眼にゴミを入れないための器官として存在するまつ毛まで可愛くする必要はないのでは？…と思っているわけです。

師　それなのに、つけまつ毛した友だちを思わずかわいいって思っちゃう。たしかにそれはモヤモヤすんね。

キ　モヤモヤしますよね。

師　「不思議で不思議でならない」んでしょ？

キ　そうみたいですね。

師　……学生ならそういうときはどうするんだっけ？

キ　……えーと、学生なら？

師　**夏休みの自由研究がある**じゃないか！

キ　……つけまつ毛の⁉

師　そうそう。まずは普通のをつけてみて観察したらいい。初めて自分につけまつ毛をしてさ、かわいくなるかもしれないし、ものすごい違和感を持つかもしれないし。そのときの気持ちを事細かくメモっておいて。どちらにしても、それで街に出たらいいよ。

キ　あー、なんかドキドキしますね。

師　つけることによって何かが変わるわけだ。周りの反応とかがさ。友だち、親、いるかわからないけどきょうだいとか。そういうのも全部が研究対象だから。

キ　すごいモテモテになっちゃったりして。……今はこんなに懐疑的なのに、夏休みが終わる頃にはもう、つけまつ毛なしには生きられなくなっていたりして。

師　だけど、つけまつ毛だけで周りの反応が劇的に変わりすぎて、なんかバカバカしくなってやっぱりいらないよ…ってなるかもしれない。

キ　ほうー、そうですね。

師　その研究結果には、この子の生き方が出てくるだろうから。もしかした

ら想像を超える結果になるかもしれない。

キ　すごく深い研究になりそう！　ぜひやってほしいです。結果がわかったら教えてほしい。

師　……だけどここで終わらないよ。一之輔的自由研究は。

キ　おお！　まだ先がある…

師　もう一歩、研究を進めてさ、つけまつ毛の長さを変えることで周りの反応はどう変わるのかも研究しようよ。

キ　なんですか、それ？

師　短いのから始めてさ、例えば1㎝だと全く反応がない。2㎝にしたら親がよそよそしくなった。…とかね。

キ　「つける・つけない」の問題から「つけまつ毛の長さによる世間一般の反応」へと、研究テーマが進んだんですね。

師　3㎝になったら急にナンパされるようになったとかさ。それ以上に挑戦しようとしたら医者に止められたとか。5㎝にしたら警官に職務質問されるようになったとかさ。……他の人が伸ばしたことのない長さまでいくと、そこには誰も経験したことのない世界が広がっている。

［注4］1980年代に日本テレビ『木曜スペシャル』で放映されていた番組。司会はキンキンこと愛川欽也。

キ　自分だけの問題だったのが、一般の問題に広がっていくわけですね!!

師　まさに。

キ　そこまでいったら「世界ビックリ大賞」〔注4〕レベルですよ!!

師　『木曜スペシャル』ね。最後は電線と間違えた小鳥が止まりに来たりして、スタジオで披露しなきゃならなくなるかもよ。

キ　スタジオに放たれた小鳥が、収録のときだけなぜかまつ毛に止まらなくって。

師　巨乳の美女の胸に止まっちゃって、キンキンがはしゃいでる姿が眼に浮かぶよ。

キ　「オープン・セサミ!〔注5〕」って思わず叫んじゃったりして……いや、ないない。

師　いやいや、そんなのわからないぞ。まだ誰も見たことのない世界なんだから。

〔注5〕アラビアの説話『アリババと40人の盗賊』にある、宝物を隠した扉を開ける呪文「ひらけゴマ」。転じて「世界ビックリ大賞」で、美女がガウンを脱いで巨乳を披露するときの愛川欽也氏のかけ声。

相談者のその後

いまでもやっぱりもやもやします。自由研究は、つけまつ毛の代わりに友だちと「ちりとてちん」をつくりました。食べる気満々だったのですが、死を察知してやめました。

夏休みの
自由研究に!!

14

ことばに「心がこもってない」と言われます

寄席での高座を終え、晴れ晴れとした顔で現れた一之輔師匠。時刻は午後4時。浅草の居酒屋に集まる坊主頭3人。まっとうな世間の人々はまだ働いている。その背徳感を肴にしようという算段の師匠は呑む気満々。私キッチンミノルとしてはこれも仕事なのだが。太陽はまだまだ高く、日射しは容赦なく降り注ぐ……この日の東京の最高気温は摂氏34度。

師　ビールでいいよね。……今日は昼メシ抜いて、楽屋で出されたお茶も断ってきたから。

キ　がっつり食う気ですね！

一同「カンパーイ！」

キ　いやー、今日は暑かったから。冷えたビールがたまんないですね。……

師　あれ？　そういえば師匠、ダイエットは？
キ　現状維持だよ。それでいいんだよ。
師　そ、そうなんですか。でも今日は食べちゃってもいいんですね？
キ　話を聞いてた？　昼を抜・い・て・ん・の、オレは。
師　す、すみません。楽屋のお茶まで飲まずに来たんでしたね。
キ　時々、高座の後にビールが待っているってわかっているのに、間違って飲んじゃうことがあるから危ないんだよ。ふ～…
師　…って言っている間に、もうビール呑み干したんですか？
キ　だって高成さんが呑み干してるから、オレはペースを合わせてんだよ！
タ　あ、すいません。……いやぁ、なにしろ今日は暑かったもので。
キ　（こりゃあ高成さんも仕事する気ないな……）
師　店員さ～ん！　生2つ！
キ　師匠は気ィ遣いだなぁ～。
師　だってオレは気遣いの星から、気遣いを広めにやってきたんだから。
キ　それが本当なら、そのうち胃に穴があきますね。
師　そう。だからそれを毎晩の酒で治すんだ。

キ　……ところで、ちょうど今年の前半が終わりましたけど、なにかこの半年で思うことはありましたか？　ゴールデンウィークには一緒に高尾山に登りましたが、他にやったことや思い出に残っていることとかは？

師　う～ん…ないね。なにもない。覚えてない……全然立ち止まってないからなぁ。走り続けているから、オレは。

キ　日々に追われているだけでしょ？

師　まぁ、そうとも言うね。

キ　それじゃあ、この半年間ってあっという間に過ぎた印象ですか？

師　あっという間。つい先週、お年玉配っていた気がするもん。

キ　働きすぎですよ。忙しすぎちゃって記憶が脳みそに定着していかないんですよ、きっと。

師　それじゃあ、前半の休みを数えてみようか。えーと、あらー…連休にした2日しか休んでない。しかもこの2日間、痛風を発症してずーっと寝てたんだ。辛かったなぁ……

キ　私といた次の日ですか！　あの日、いきなり「痛風かも…」って言い出すから、本当かなと思って足を軽くつついたら、本気で怒

られたやつですよね。

師　軽くじゃなかったろ！　あのときは!!

キ　あはは、せっかくの休みなのに痛風ッ！

師　…………

キ　お子さん達の近況はどうですか？

師　そういえば、この半年で、中一の長男の背がどんどんでっかくなっていってる。

キ　あの長男くんが。そうかぁ…子どもの成長は早いなぁ。

師　それで最近、声もどんどん野太くなっていくんだよ。すごく嫌だね、声変わりの子どもって。

キ　子どもの成長は、なんでも嬉しいのでは？

師　そうじゃないの。突然、家におっさんが一人増えたみたいな感じで。足とか臭いし。……今まで家の中におっさんはオレ一人だったのに。

キ　家の中に、足の臭いおっさんが二人かぁ……たしかに嫌だなぁ。

師　……他人に言われるとなんかムカつくなぁ。それでさ、中学生になると制服だから学校にワイシャツ着ていくでしょ。

キ　ええ。

師　一日じゅう着ていると、襟元が黒くなるじゃない。

キ　なりますね。

師　その汚れを落とす、専用の洗剤があるでしょ。液状のりみたいな形状の襟元汚れ専用のやつ。

キ　ああ、ありますね。

師　あれを長男に、脱いだら塗れって言ってあるの。自分で塗れよって。ちゃんと塗ってから洗濯すれば、汚れは落ちるからって。

キ　そうですね。

師　……だけど全然、塗らねぇんだよ。「塗れって言ったろ!!」って毎日叱るんだけどさ、全然だめ。

キ　まぁ中学生ですからね。

師　だから渋々オレが塗るんだけどさ。最近、その役割に甘んじているオレがいるのよ。

キ　甘んじている…

師　最初はさ、イライラしてたんだけど、気づいちゃったんだよ、昨日。襟の汚いワイシャツを見つけて、あった！……って喜んで洗剤をヌリヌリしている自分に。

キ 無意識に喜んでいた……「親心」ってやつですね。

師 違うんだよ。

キ ん？

師 ……なんか…好きみたい。ああいう作業が。オレってば。無心になれるっていうか。キッチンさん、こういう場合、子どもの躾とオレの快楽と、どっちが大事だと思う？

キ ……正直まったく興味ないっス。

師に問う

人と話していて、感心したときに「さすがですね！」って言うと、必ず「心がこもってない」って言われます。他のときは言われないのに、「さすがですね」のときは、誰に言っても「心がこもってない」と言われます。心のこもった「さすがですね」を言えるようになるに

く

は、どうすればいいでしょうか？　……困ってます。本当にさすがって思ってるのに!!　この前、腕の良い整体師さんに言ったときも、「心がこもってない」って言われました。わたしの心のことが、なんでわかるんだろ？

（匿名／女性／47歳／東京都）

師　ことばって難しいよね。

キ　そうですね。

師　……鈴愛《すずめ》がさ、律《りつ》くんに「ごめん、無理だ」って言ったじゃない。［注1］

キ　夏虫駅で律くんに鈴愛がプロポーズされて、思わず言ってしまった一言ですよね。それで律くんはフラれたと思っちゃって、後に別の女性と結婚してしまう……

師　そう。鈴愛には、そんなつもりがなかったのに。……ことばって、相手のいることだから…難しい。

キ　本当ですね。……ちなみに「さすが」ってことばを、師匠は使います？

［注1］いきなりNHK連続テレビ小説『半分、青い。』（2018年4～9月放映）の話題が始まってしまいました。ご覧になっていなかった方、申し訳ないですがしばらくお付き合いください。

師　う〜ん、使わない。

キ　反対に、高座から下りてきてお弟子さんから「今日は師匠、さすがでした！」とか言われることはあるんですか？

師　あるわけねーだろ！　そんなこと言ったら破門だよ、破門!!　おまえバカにしてんのか…って。

キ　あはは！　それじゃ目上の人を褒めるときって、どういうふうに言うんですか？

師　目上の人を？　褒めないでしょ！　失礼でしょ、目下の者が〝褒める〟なんて。

キ　普通に考えたら、たしかにそうか。

師　だからさ、この人は、そもそものことば選びが間違ってんだよ。

キ　心がこもるこもらないの前の段階で……

師　ことばの意味を、履き違えている。「さすが」ってことばには、相手と対等な感じがないでしょ。相手に対して上から目線だったり、逆に極端にへりくだったり。

キ　あー、なるほど。対等ではないですね。それに少々相手との距離を感じ

ます。

師　それに「さすがですね」ってことばを使うときには、必ず事前に情報が必要なんだよ。

キ　…というと？

師　初めての人には言わないでしょ。「さすがですね」とは。

キ　そうですね。たしかにサッカーの解説者とかが「さすが」ということばを使うときって、一般的にスターと認められている選手が、当たり前にすごいプレーをしたときなどのような気がします。そこには解説者と選手という距離感や年齢的なものもあるのかな。

師　だから例えば、いままで何度もキッチンに撮影の仕事を頼んでいて、キッチンの撮る写真をたくさん見てきた人が「今回の写真もいいですね。さすがですね」って言うのは納得できるでしょ。

キ　はい。照れますけど。

師　その前提なしに、キッチンのことを知らなくて、初めてキッチンの写真を見た人から「さすがですね」って言われたらどんな気持ちがするよ？

キ　なにに対して？…って疑問を持ちます。ちょっとバカにされたのかなとも思っちゃうかも。

師　そうでしょ。発言する人が、これまでどういうふうにキッチンを見てきたかっていう前提がないと、「さすが」ってことばはまったく意味をなさない。ちょっと相手を小バカにした感じにすらなることもある。

キ　つまり、この方が「さすが」に込めている意味や思いが、世間一般の人が思う「さすが」と違うから、この方の思いが相手にまったく伝わっていないんだ！

師　その違和感を、周囲の人たちは遠回しに「心がこもっていない」って表現しているんじゃないのかな。

キ　そうかもしれません。「さすが」以外を使っているときには言われない…と書いてありますし。

師　ところで、この整体師の方とは旧知の仲なのかな？

キ　そこまでは書いてないですが……

師　書いといてくれないと！

キ　す、すみません。（……なんで私が怒られてるんだ⁉）

師　もし、初めて施術してもらったときに「さすがですね」って言ってしまっ

ていたとしたら、そりゃ相手も戸惑うでしょ。

キ　前提がないわけですからね。さっき私が感じたみたいな感情を抱いたかもしれないですね。

師　そうだろ。

キ　「さすが」って難しいことばなんですね……なるほどなぁ。あんまり使わないほうが無難なのかな。

師　でもさ…

キ　でも？

師　この方はどうしても「さすが」っていうことばを使いたいんでしょ？

キ　いやいや、そこまでは言ってないと思いますが……

師　それなら、こう言えばいい！

キ　…は、はい。

師　**「次は〝さすが〟って言わせてもらいますよ」**って。

キ　……んんっ？「次回は言いますよ」って予告をしちゃうんですか!?　今回は初めてのことなので「さすが」って言えないもんだから。

師　そう！「次も私の期待に応えてくださいね」ってニュアンスでさ。

キ　……なんか、すごい上から目線。

師　今回あなたへの基準が私の中で定まったんで、次回こそは「さすがですね」って言わせてもらいますから…って。

キ　……そして、とても挑発的！

師　言われた相手も「なんだコイツは？」って思うけど、こうも思わずにはいられないぞ。

キ　……？

師　「次回はコイツに〝さすが〟って言わせたい」って!!

キ　思いますかぁ〜〜？

師　思う。ハマる人にはハマるね、ものすごく。「オレをちゃんと評価してくれているぞ、この人は！」って思うに違いない。

キ　どれほどの人が、この一言をそんなふうに受けとめてくれるかなぁ……。なんせこれを言う相手は、そのときが初対面ですからね。ハマんなかった場合を思うと、この一言を使うには、相当の勇気がいりますが。

師　そこは挑戦してよ!!　この方は「さすが」ってことばを、どうしても使いたいんだから。

キ　いやいや、だから…そこまでは。

師　オレに相談するって、そういうことでしょ⁉

キ　いや、そこまでの強制力はないです。

師　「強制力はないです」ってキッチン…

キ　それじゃあ、師匠はこの一言を、落語を初めて見た初対面の人に言われたら、どう思いますか？

師　そりゃあ「なに言ってんだコイツ！」って思うだろうね。

キ　ほらぁ〜〜ッ！　いまさっき自分が提案しときながら、最大級の拒否！

師　いやいや、このオレにはハマらなかった…ってだけだから。恐れずに、一度は誰かに試してみたらいいんだよ。心配いらないから。

キ　いやいやいや。めちゃくちゃ心配でしょ！

師　はいはい、キッチンさんは真面目。さすがですね。

キ　……なんか腹立つなぁ。

相談者のその後

師の指摘に納得がいかず、周囲に調査しまくったものの、芳しい結果は得られませんでした。今でも「心がこもってない」と言われ続けています。

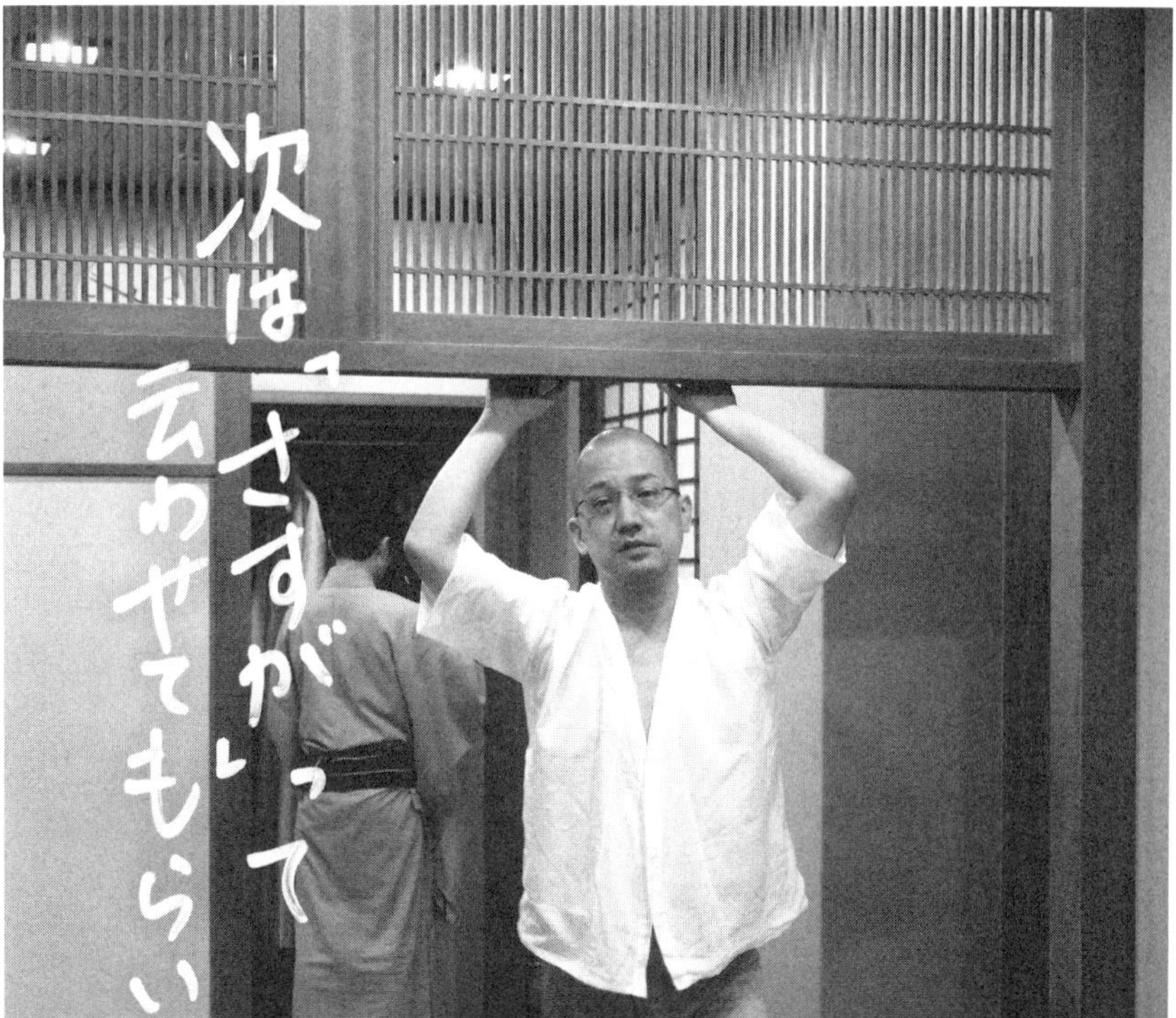
次は「さすが」って云わせてもらいますよ。

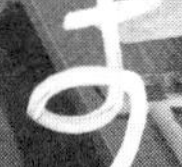

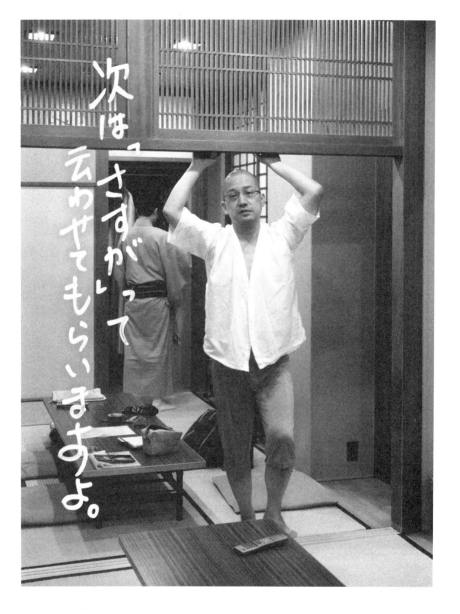

15

友だちと何を話せばいいかわかりません

記録的な早さで梅雨明けした今年の東京。7月になったばかりなのにエンジン全開の暑さが襲いかかる。ここ浅草の居酒屋では、夏の暑さから脱したかと思いきや、室内のエアコンが我々を苦しめていた……。

師 ……また寒くなった。さっきまで暑かったんだけどなぁ。

キ 入店したときはキンキンに冷えすぎていて、室温を上げてもらったらやっぱり暑くて。

師 それで、もうちょっとエアコンを効かせてほしいと頼んだら、やっぱり寒いんだよなぁ……なかなかちょうどよくならないもんだね。

キ そういえばジャージなんて珍しいですね。誰かにもらったんですか？

師 違うよ。買ったんだよ。

キ　高校生のころに？

師　なんでだよ！　この前買ったばかりだよ。

キ　だってパッツンパッツンじゃないですか。

師　うるせぇなぁ。買って着てみたら思ったより小さかったんだよ。

キ　そんなことありますか⁉

師　その辺のお店でテキトーに買ったんだもの。上っ張りが欲しいなと思って。

キ　試着もしないで？　テキトーすぎるでしょ！

師　でもこれ、テニスのやつだよ。有名なやつ。かっこよくない？

キ　あれ？　テニスってお好きでしたっけ？

師　今そこは重要なポイントじゃないんだよ。かっこよくない？

キ　そ、そうですよね……かっこいいですよね。

師　……わかればいいんだ、わかれば。

師に問う

3年前に結婚し、夫と二人暮しの会社員です。結婚をしてから、友だちからの誘いをほとんど断るようになってしまいました。友だちに会いたくないわけではないのですが、会う前から「何を話せばいいのだ？」「何か面白い話をして場を盛り上げなければ！」と変にプレッシャーを感じてしまい、緊張のあまり結局ドタキャンしてしまいます。以前はそんな面倒なことは考えずに、ただ友だちとどうでもいいことを話して笑うだけで十分楽しかったはずなのですが……どうすれば緊張せずにまた友だちと会えるようになるでしょうか。

（サバ／女性／32歳／東京都）

師　何を話せばいいのかわからないようなのは友だちじゃねぇ。それだけ。はい、終わり。

キ　いやいや。もう少し歩み寄っていただかないと。……サバさんは、結婚する前は普通にお友だちと話ができていたみたいなんです。結婚して3年、友だちと会う機会が減ってしまったせいで、話し方を忘れてしまったんですかね。

師　その前にさ、ドタキャンはダメだよ。それだったら、会ってつまらないほうがマシ。

キ　相手の方は、会うのを楽しみにしているわけですからね。

師　そう。オレだったらドタキャンが原因でみずからにかかる重圧を思えば、会っちゃったほうが楽だけどなぁ。

キ　でも、「何を話せば?」「面白い話をして場を盛り上げなければ!」と思いすぎて、この方は相当プレッシャーに感じているみたいなんです。

師　う〜ん。なんでこの人がその場を盛り上げなければいけないわけ?

キ　もともとムードメーカー的存在の方だったんでしょうかね?

師　そうかもしれないけど……年齢を重ねれば当然、話す内容も変わってくるわけでしょ。

キ　はい。

師　だからこの友だちに関しては、そろそろ切り捨てる時期なのかもね。

キ　ええーッ！　切り捨てる⁉

師　切り捨てるは言い過ぎだけど、自分の環境が変わって3年経って、ドタキャンしてもいいような友だちってことは、自分にとってはその友だちがそんなに大事じゃなくなってしまった…ということでしょ。

キ　そ、そうですかね。

師　その友だちとは、今は会う必要がないんだよ。今はね。なんとなくの付き合いでいいんじゃないの？　年1回の年賀状のやり取りぐらいでさ。

キ　あえて少し距離を置いてみる……？

師　だって本当の友だちだったらさ、話すことなんかなくっても、会っているだけで楽しくなっちゃうものなんだから。

キ　ちゃんと生きてんのかって確認するぐらいでも楽しいですよね。

師　そうそう。オレなんか高校時代の友だちの高木くんと会うときなんか、全然話すことなんてないからね。

キ　師匠が春日部高校時代に、休部状態だった落研を一緒に復活させた〝高木くん〟ですね。

師　そう。その高木くんとは、今では生活している環境は全然違うし、オレも向こうも相手の仕事のことには興味ないしさ。

キ　それでも会うんですね。

師　うん。2年に一回くらいのペースで呑むかな。

キ　そのときの話題って、なんなんですか？

師　「食い方がきたねぇな、お前は」とかさ、「食べるときにクチャクチャ音をさせるな」とかさ、互いに言い合って。

キ　そのテーブルには近づきたくないなぁ……それって話題じゃなくて小言ですね。

師　まぁ普通に近況報告とかもするよ。カミさんはどうだとか子どもは元気かとか。別に面白い話はしないけど、それなりに楽しいよ。……最後は「久しぶりに会えて良かったね。またね～」って感じで別れてさ。

キ　その〝またね～〟が…

師　そう、2年後。でもそれが友だちなんじゃないのかな。……会うのにプレッシャーがかかるってことは、友だち圏外なんだと思う。この友だちはＦＩＦＡ61位みたいなもんだよ。

キ　ん？　世界サッカーのなかの現在の日本みたいな立ち位置ってことです

師　か？

師　次戦のベルギーは世界3位なんでしょ。61位が3位に勝てるわけがないんだよ。言わしてもらえれば。図々しいよ。［注1］

キ　えーと…なぜ急にサッカーのことを？　それに、急に勝ち負けの話に……師匠はサッカー、好きでしたっけ？

師　あまり興味はない。全然期待をしていなかった日本代表が初戦に勝ってから、世の中は急に盛り上がっているでしょ？

キ　はぁ。

師　今度も同じTシャツを着た人たちが、深夜の渋谷で盛り上がるわけでしょきっと。

キ　そうですね。楽しみにしている人は多いと思います。

師　でも相手のベルギーは世界3位。こちらは61位。「勝てるかも!!」って浮かれて盛り上がるんじゃなくて、「今日は胸をお借りさせていただきます」って気持ちでしょ。本当なら。

キ　……

師　61位が3位に勝ってやろうなんていうのは、噺家の世界でたとえるなら、

［注1］その後の7月3日、日本対ベルギー戦が行われました。結果は2－3で惜しくも敗れましたが、一時は2－0でリードするという善戦ぶりで世界3位（当時）のベルギーを苦しめました。サッカーファンの皆様、申し訳ございません！

このあいだ入った前座が小三治師匠に勝つみたいなもんでしょ。

キ　ん？　噺家の世界？

師　前座が「小三治食ってやるぞ～！」って鼻息荒くして。親戚を総動員して客席埋めて「小三治食え～！」って応援されているようなもんでしょ。

キ　わかるようなわからないような。一瞬納得しかけたけど、落語とサッカーはまったく違うと思いますが…

師　ありえないよ。

キ　……えーと、だいぶ話がとっちらかっちゃいましたが、つまりこの方とお友だちは、現在は世界が違うということでしょうか。

師　酷な言い方だけどね。まだ結婚して3年なんだから、旦那さんとの時間を大事にしていいと思う。旦那さんとサバさんはアチチだから。きっと。……そのうち旦那のことを飽きるときもくるから、そうしたらまた友だちと会えばいいんじゃないの。

キ　なるほど。

師　学校や上司の愚痴を言い合っていたみたいに、今度は旦那の愚痴を言い合ってさ。

キ　いまは無理して会う必要なし…と。

師　この方は32歳でしょ。30代後半になったら、きっと楽になるよ。

キ　たしかに32歳って微妙な年齢ですよね。自分の引き出しの数や中身を増やす時期というか。

師　引き出しをひっくり返す時期ではないからね。……だけどこの人が、「ここに出てくる友だちはすごく大切な友だちなんです！」っていうならさ、「なんとかプレッシャーを乗り越えて会いたいんです！」ってことならだな。

キ　は、はい。

師　腕に友だちの名前を、タトゥー入れちゃえばいいんだよ。

キ　タトゥー？

師　そう。あと似顔絵。

キ　好きな友だちの表情を名前入りで!?

師　やくみつるさんぽい似顔絵で。

キ　あー、それならいいかも。…ってならないでしょ!!

師　あなたのことが好きだからタトゥー入れたんだよ…って見せたら、話が盛り上がるかもしれないよ。

キ　いやいや、引くでしょ！

師　わからないよ。そこから話が二転三転するかもしれないじゃない。

キ　だけど、友だちに会うのにそこまでしないといけないんですかねぇ……

師　そう。そこなんだよ！

キ　どこ⁉

師　いまの**世の中はなんでもかんでも盛り上がりすぎ**なの。テレビをつければ番組で盛り上がり、町に出ればイベントで盛り上がり。サッカーを見ては同じTシャツ着て盛り上がる。……オレは盛り上がってない世の中も見てみたいんだよ。

キ　盛り上がってない世の中……

師　盛り上がってないテレビや、盛り上がっていないイベント。盛り上がっていないサッカーを。

キ　はぁ。

師　盛り上がってないって心安まるよ～。寄席に行ってごらん、盛り上がってないから。……盛り上がってない寄席は好きだね。凪みたいな寄席。

キ　凪ですか……

師　そう。こっちのコンディションとお客さんのコンディションが偶然マッチして凪になることがあるの。

キ　そういう状態があるんですね。……それはお客さんが笑うべきところで笑わなかったり？

師　タイミングがズレてたりね。

キ　だけど、そういう状態を師匠は楽屋で第三者的に見ているから楽しめるんですよね。高座に上がってそんな状態だったら、そんな冷静になんてなれないのでは？

師　いやいや、自分が演っているときもいいもんだよ。そういう状態のときは「今日はぼんやりしたお客さんだなぁ」って思いながら、こちらもゆったりと落語をするんだよ。

キ　へー、お客さんがぼんやりしていると無理して盛り上げようと思ってしまいそうですが、そうせずに…

師　焦らずにゆったりと。

キ　自分もあえて凪の状態に身を委ねてしまうということか。

師　人間と人間のことなんだから、常に盛り上がっている状態っていうのは変でしょ。

キ　そうですね。

師　今の世の中は盛り上がっていないとノリの悪いやつだなんて思われるけど、盛り上がらなくても一緒にいて穏やかな気持ちで時間を過ごせるのが、本当の友だちであり、夫婦なんじゃないのかなぁ。

キ　なるほどなぁ。

師　この人は、たまに会う友だちだから盛り上がらなきゃって思うのかもしれないけど、無理して盛り上がらなくていいんだよ。友だちと会ってまったく話が盛り上がらなくてもさ、「久しぶりに会ったけど今日は盛り上がらなかったね。じゃあまた今度ね！」と言って別れればいいの。それでまた2年後に会えばいいんだから。

相談者のその後

夫とラブラブなことを何故か師に見抜かれ、改めてスゴいと思いました。無理をしないと決めてから、本当に会いたい人や心地良い場所が見えてきました。タトゥーはまだです。

世の中、盛り上がり過ぎ。

16

ここぞというときに失敗します

猛暑の続く毎日に私キッチンミノルは夏バテ気味。対して、一之輔師匠は休みなく毎日高座に上がり続け……この人は疲れるということを知らないのだろうか？　毎日まいにち高座へ上がるための心構えを尋ねてみた……。

キ　師匠は休みなしで今年の前半を終えたということでしたが、休まなくて疲れとか溜まったりしないんですか？

師　溜まるよ。とはいえ、なんとかやってこられているからなぁ。……でも休みたいねぇ。３か月くらいは休みたい。

キ　３か月ですか……プロのスポーツ選手が、休養すると試合の勘を取り戻すのに苦労するという話を聞いたことありますが。そういうことって落語ではないんですか？

師　あるある。10日間、寄席［注1］を休むと感覚が鈍る。
キ　ホールとかで毎日落語を演っていたとしても？
師　そう。独演会とかは演っていても。寄席に出ないと寄席の感覚は鈍る。
キ　空気の読み方とか？
師　うん。時間配分とか寄席のお客さんへの対応とかもわからなくなる。
キ　へー。寄席のお客さんへの対応？
師　独演会だと、お客さんが自分のことを知っている前提で話すけど、寄席はそうじゃないからね。
キ　それじゃ寄席を10日間休んだ後は上がりづらい？
師　上がりづらいってほどではないけど、「そうだ…ここは寄席なんだ」って確認する。初心に返って上がるようにしているかな。
キ　なるほどなぁ。
師　どう？　考えてるでしょ、オレだって！
キ　まぁ、それくらいはみんな考えているんじゃないんですか……
師　おい!!　ここまで聞いといて、その一言はないだろ。
キ　え？　あっ。す、すみません！

［注1］東京の「定席」と呼ばれる寄席（上野の鈴本演芸場・新宿末廣亭・浅草演芸ホール・池袋演芸場）では、毎月1〜10日を「上席」、11〜20日を「中席」、21〜30日を「下席」と10日間ずつ区切って興行が行われる。

師　これが織田信長だったら、即刻打ち首で河原に晒されてるぞ!!　どうすんだよ、オレが信長だったら。
キ　だ、だったら私もそんなことは言いません……
師　キッチンさぁ、相手を選んでそういうことを言うなよ。
キ　すみません。
師　びっくりポンだよ。
キ　…………
師　いまのは『あさが来た』〔注2〕ね、朝ドラの。
キ　はい。存じております。（この人、朝ドラしか観てないのかよ……）

師に問う

子どもの時分から、ここぞというときに大概失敗します。自分は生まれつき本番に弱いタイプだというイメージが染みついているようです。今からでも克服できるでしょうか。

（匿名／30代主婦／静岡県）

〔注2〕2015年下半期に放映されたNHK連続テレビ小説。波瑠が演じたヒロイン白岡あさのモデルは、実業家・教育者の広岡浅子。

キ　師匠はどちらかというと本番に強いですよね。

師　そうね。そうだと思う。

キ　緊張はするんですか？

師　するよ。むしろ、しないとダメだね。ときどき緊張もせずスーッと高座に上がっちゃうことがあるけど、そういうときはダメだもんなぁ。

キ　それは昔からですか？　子どもの頃に失敗したことはありますか？

師　う〜ん……あっ！　あった。今思い出したけど「自転車の正しい乗り方コンテスト」っていうのがあって…

キ　自転車の…正しい乗り方…コン…テスト？　すみません、初めて聞く単語なんですけど。

師　小学校で、秋の全国交通安全運動の時期だけ自転車クラブっていうのができてさ。道路交通法に則った自転車の乗り方というのがあって、そのスキルを競うコンテストがあったんだよ。〔注3〕

キ　どんなコンテストなんですか？

師　例えば「田」の字になったコースがあって、そのコースを決められた順番で左折したり右折したりするの。

〔注3〕千葉県野田市の市立小学校では現在も行われているそうです。2018年で第48回を数える歴史を有し、優秀校は「交通安全子ども自転車千葉県大会」の出場資格を得られるそうです。

キ　それをやっていたんですか。
師　小6のときだったかな。学校を代表する4人のうちのひとりに選ばれてさ。
キ　学校代表に？　すごい。
師　うん。なんだけど、コンテスト本番の最中に頭の中が真っ白になっちゃって。
キ　あら～…それで？
師　泣いた。
キ　ええ――ッ!!
師　で、途中棄権になった。……なんかみんなに慰められた気がする。
キ　小6にもなって、みんなの前で泣くなんて、大事件じゃないですか。
師　悔しくてね、恥ずかしくてね。……すっかり忘れていたけど、そういうことあったなぁ。
キ　コンテストの前に練習はしていたんですよね？
師　放課後、なんども練習を繰り返していたよ。
キ　コースを走る順序は、テスト当日に初めて知らされるんですか？

師　いや、事前に決まっていた。だからテストと同じコースを何度も練習していたのに、本番ですべて吹っ飛んじゃったんだよね。

キ　師匠にもそういうことがあったんですね。今からは想像できないことですけど。見てみたかったなぁ。それでどうやって立ち直ったんですか？

師　う〜ん。どうやって立ち直ったか……全然、引きずってなかったな。寝て起きたらケロッとしていたと思う。

キ　みんなの前で泣いたのに？

師　そこなんだよ。まったく引きずらない。

キ　はぁ…大物ですよ。師匠は。

師　完全にバカにしてんだろ！

キ　バカにはしてないですけど、本物のノーテンキだなとは思いました。

師　褒めるなよ。

キ　褒めていませんよ。……それじゃ、高座で頭の中が真っ白になったことは？

師　あったよ。何度も。

我らが師の磨き上げた自転車技術は、息子たちに受け継がれてゆく……。（小社刊『春風亭一之輔の、いちのいちのいち』より）

キ　そういうときは、どうなっちゃうんですか？

師　混乱しちゃうんだよ。何もできなくなっちゃう。

キ　あはは、師匠にもそういう時期があったんですね。今はさすがにないでしょうけど、そのときはどうやって立ち直ったんですか？　この場合は自転車のコンテストと違って、もうプロとしてお金もらってやっていたわけですよね。

師　そうねぇ……でも頭の中が白くなったって、やっていることはどうせ落語なんだからさ。死ぬわけじゃないし、まぁいいや…って。すぐに忘れちゃう。

キ　そんなに忘れっぽくて、よく落語を覚えられますね。

師　おい！

キ　だけど、この方は失敗したら落ちこんじゃうタイプなのかもしれないですね。

師　……あのね、他人になんてさ、誰もそんなに期待してないから。

キ　たとえ失敗しようとも？

師　そう。みんな自分のことで精一杯だから。「ここぞというとき」がいつ

キ　なのか、この質問ではわからないけれども、どの程度の本番なのかね。主婦って書いてあるので、例えば子どもの行事などで大人数の前で話さなければならないとか…

師　あー、あるある。うちのかみさんも、ＰＴＡをやっているからそういうときがあって、すごく緊張してるんだよ。

キ　そりゃあ緊張するでしょ。

師　この前もさ、今度するスピーチについて、この表現でいいのか…この服装でいいのか…みたいに迷って何回も訊いてくるからさ。「正直どうでもいいんだよ！　そんなことなんて」って思わず言っちゃって…

キ　ええ〜ッ!!　おかみさんにそんなこと言ったんですか!?　めちゃくちゃ怒られませんでした？

師　めちゃくちゃ怒られた……

キ　当たり前ですよ！

師　「あんたはそういう仕事してるから人前で話をすることが平気かもしれないけれど、これで失敗してみっともないところを見せたら、子どもがあとでいじめられたりするんだから！」って。……そのあと修羅場よ。

キ　あはは、真っ当な反論ですね。

師　だけどさ。本当にどうでもいいのよ、そんなことは。例えばスピーチの場合だったらだよ、表現とか服装なんてどうでもよくて、話し方だってたどたどしくていいんだよ。一言だけ記憶に残ることを言えば、それでいいの。

キ　それが難しいんだけどなぁ。

師　前にも言った小河原先生〔注4〕のスピーチなんかさ。内容なんてないけど、今でも心に残っているんだから。そういうことだよ。

キ　話し手の個性もあるから、誰もができるというわけではないと思いますが、大人のスピーチなんか子どもたちはそもそもちゃんと聞いていないですからね。

師　そうそう。本番で失敗する人って、晴れの舞台を自分でつくりすぎちゃう場合がある。冷静に考えれば「たいしたことないよ、それ」って思うんだけど、ここで一旗あげようみたいに考えちゃって、自分で自分を追い込んで固くなっちゃう気がする。

キ　自分で勝手に、これは晴れの舞台だって思いこんじゃうということです

〔注4〕第2回『朝礼のスピーチが苦痛です』をご覧ください。（➡16ページ）

師　か？

そう。それで思ったようにできなくて、落ちこんじゃうんだろうけど。……例えばＰＴＡの挨拶だったとしてもさ、「本当にそれ本番なの？」って思うよね。

キ　え、本番でしょ？

師　次に進むためのステップかもしれないじゃない、長い目で見れば。……落語家には本番がないって言われたよ、権太楼師匠に。

キ　桃太郎師匠に？

師　ぜんぜん違うよ！　昔昔亭桃太郎師匠は絶対にそんなことは言わねぇから。［注5］……柳家権太楼師匠に言われたの、「落語家には本番なんてねぇんだ」って。じゃあ本番っていつだろう…って思うとさ、いつも稽古なんだよ。

キ　常にそういう気持ちで挑めってことですか。

師　そう。そして一之輔的にさらに一歩進んで言うと、「いつも本番。いつも稽古」ってイメージでやるのがいいと思う。本番だけど稽古。稽古だけど本番。

［注5］言うかもしれません。

キ 今、全国の大きなホールを巡る独演会ツアーをしていますけど、そういう場合でも同じような心持ちなんでしょうか？

師 そうね。いつもどおりやったほうがいい。どんなに頑張ったって、いつも以上にはできないんだから。

キ いつも本番が稽古だからといって、普段の稽古なんかしなくていいってことでは…

師 ない。もちろん稽古はしたほうがいい。噺家の世界では「怖さを忘れるために稽古をする」とも言うからね。

キ なるほど。

師 つまりオレの言葉をチャップリン風に訳せば、「**Next one!!**」ってことよ。

キ なんで急に横文字に？

師 横文字、かっこいいじゃない。

キ チャップリン風に訳す…っていう意味がわからないですが、チャップリンが「あなたの最高傑作はどれですか？」と記者に尋ねられたときに、「次回作だ（The next one）」と答えた…と伝えられている一言ですよね。

師　イエス！　Of course!!

キ　……そうか！　師匠は常にそういうイメージを胸に抱いて、高座に上がっているんですね。昨日よりも今日、今日よりも明日。より優れた傑作を目指して、常に進化し続ける……それが一之輔落語なんだ！　スゲーかっこいいです!!

師　……う〜ん。そんなふうに真面目にとらえてもらうとちょっと困るなぁ。今のは単に、オレが言いたいことをチャップリンの言葉になぞらえただけなのね。

キ　ん？

師　だって最高傑作ばかり目指しても疲れちゃうでしょ。

キ　疲れちゃう？

師　いつも本気だと。

キ　え〜と……「Next one」の話ですよね、喜劇王チャップリンの。

師　志ん生師匠がおっしゃっていたそうだよ。

キ　あの古今亭志ん生師匠が…

師　「女郎だって、いつも本気でやってたら疲れちゃう。気ィ抜くときだってあんだよ」って。つまり、それこそが一之輔流NEXT ONEなのよ。

キ　…………

師　今回がダメでも次がある。ハイ、つぎ〜〜！

相談者のその後

私の本番の弱さは小5の息子に受け継がれたらしく、発表会の劇でたった一言の台詞をしくじっていました。自分のことより息子のこれからの人生が気がかりです。

one !!

Next

17

平成が終わろうとしています

皆様からいただいた相談メールを一之輔師匠に問うためにファミリーレストランで待ち合わせ。お昼どきの忙しい時間帯を過ぎた店内は、暑さにぐったりのサラリーマンや勉強中の学生さん、子連れのママさんなどなど。そんな健全な雰囲気のなかではさすがに呑むわけにはいかないが、気分を盛り上げるためにノンアルコールビールを注文しようとしたのだが……。

キ　……あ、お二人はもう着いていたんですね！　遅くなってすみません。

師　キッチン、ここは東京のど真ん中の四谷だぞ。なんだその格好は！　首から汚ねぇタオルぶら下げて。

キ　こんだけ暑いんだから、タオルくらいぶら下げさせてくださいよ。

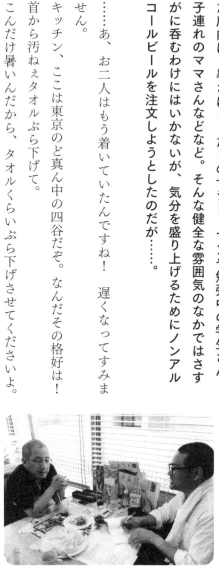

師　……地方出身者はすぐ東京を神格化させるから困るんだよなぁ。
キ　千葉は東京のすぐ隣だぞ！　……じゃあキッチンはどこ出身なんだよ！
師　アメリカ生まれですが、なにか？
キ　ふん…アメリカのどこだっけ？
師　テキサスですけど？
キ　テキサスのほうが、ずっとド田舎じゃねぇか！
タ　グググ…
師　えーと……なにか注文しましょうか？
キ　キッチンは、ドリアにサンラータンメンね。
師　おーい！　目の前で汗をダラダラかいている人は誰ですか？
キ　で、オレはかき氷ね。こう暑いとダルくて仕方ないねぇ……
師　くそぉ……
タ　高成さん、まだお天道様は高いからオールフリー［注1］で乾杯しますか！
店員　いいですね！　オールフリーでも気分は上がりますからね。
師　すみません。本日オールフリーは売り切れでして……
　　ええー！　弱ったなぁ。オレ、クルマだからなぁ…

［注1］サントリービール（株）が製造・販売するビール風味の炭酸飲料。「アルコール分ゼロ・カロリーゼロ・糖質ゼロ・プリン体ゼロ」という ゼロ尽くし（＝オールフリー）である特長を商品名にした。

キ　クルマどころか免許も持ってないでしょ!!　店員さん相手に小さな見栄をはらないでくださいよ！

タ　オールフリーはお店の在庫もオールフリー。…なんちゃって。

キ　ええ〜〜っ？　高成さん!!

師　今のギャグには完敗（乾杯）ですよ、高成さん。ふふふ。

キ　…………（暑さは人をダメにするんだなぁ…）

師に問う

昨日（7月1日）のラジオで「平成最後の7月が始まりました！」みたいなことを言うのを聞いて、ああまたそういうやつなのねとミレニアムのときを思い出しました。「20世紀最後の○○！」みたいなのがいっぱいで呆れた記憶が。質問は「平成が終わる前に片づけておくべきことを教えてください」です。結婚はまだしていません。つきあっている人はいます。元号が変わるタイミングでけじめ婚というのはどうなんでしょうか？　年齢的にはそういう時期なのですが、たくさんいそうな気がして流れに乗るのも微妙な気がします。ほかには引っ越しや転職？　師匠は、平成のあいだにやっておこうという目標はありますか？　筑波山とサーフィン以外にあれば教えてください。

（フェアリー／27歳／福岡県）

キ　「20世紀最後の〇〇」のころフェアリーさんは……あれ、まだ小学校低学年ですね。

師　子どものころはミレニアムで盛り上がる大人に呆れていたのに、自分が大人になったら同じことをやりたくなったんだね。この方、当時のほうが賢かったんじゃないの？

キ　ちょ…ちょっと！　大切な読者に、それは言い過ぎです！　えーと、「平成のうちにやっておきたいことは？」って聞かれていますけど……

師　ない。まったくない。

キ　あらら。

師　だって、オレはまだ昭和で生きてるから。オレにとって今年は昭和93年

キ　だからね。

師　まだ平成になってない⁉

キ　そう！

師　（いやいや、40年間の人生の3／4は平成のはずなのに）……あっ！

キ　なんだよ！

師　フェアリーさんは平成生まれだ‼

キ　違うだろーがよ！　フェアリーは27歳だろ。それで今年は平成…

師　30年です。

キ　あっ、本当だ。

師　ふんっ、昭和で生きている弊害ですね。

キ　うるせぇ。

師　……えーと。次の元号ってなにになるんでしょうね。

キ　なにかなぁ。早く発表すればいいのにね。[注2]もう一年切ったんだから。

師　元号って、日本史と世界史の勉強するときにすごく覚えにくいんですよ。

キ　世界史に元号は関係ないだろ。

師　いや、だって日本の出来事が世界ではいつ頃なのかなって考えて覚えた

[注2] その後、新しい元号の発表は、改元の1か月前にあたる2019年4月1日とすることが報じられました。

ら楽しいじゃないですか。

師　ふ〜ん。キッチンがそれほど几帳面に勉強をしていたとは信じられないけどな。

キ　……ひどい！

師　いっそのこと横文字にしちゃうか！

キ　えーッ！　それは変でしょ。それに横文字にしたところで覚えにくいのは一緒ですし。

師　キッチンのために変えるんじゃないんだよ、元号は。

キ　………

師　では新しい元号を発表します！

キ　え？　はい。

師　新元号は……「パッション」です。

キ　[Passion]⁉　……ダサっ！　高校の文化祭のスローガンみたいですが。

師　だって、いま日本人に必要なのはパッションでしょ！

キ　いやいや、以前の相談で「世の中、盛り上がりすぎ‼」って苦言を呈していたじゃないですか！

師　上っ面の空騒ぎはダメだけど、心の内に秘めたパッションとかそういうのは、むしろアリだろ。そういうことを言ってるんだよ、オレは。
キ　はぁ……
師　いいじゃん！　「パッション生まれの若者世代」、「パッション景気」に「パッションの大合併」。「〇〇パッション大学」もできるよ。
キ　ただ「パッション」を言いたいだけでしょ！　だけど、どさくさに紛れてパッションフルーツが急に売れたりするかもしれませんね。
師　いや。……それはないだろ。
キ　えっ？
師　あーあ……キッチンの一言で、たった今オレの中のパッションが急に冷え切っちゃったよ。
キ　安っぽい情熱だなぁ。それじゃあ、えーと……フェアリーさんに向けてなにかアドバイスはありますか？
師　いっぱいいるよね。何かが変わるタイミングで役所に行く人たちは。
キ　今回もいますよね。きっと。
師　自分の人生や生活の節目として、元号が変わるタイミングに乗っかっちゃうこと自体は、いいんじゃないかな。

キ　わかりやすいですしね。

師　そうそう。……だけど、フェアリーに問いたい。あなたはワン・オブ・ゼムでいいのかと。

キ　その点についてはフェアリーさんも、なんとなく微妙だなと思っているみたいです。

師　元号が変わってすぐは、役所に婚姻届を出す人が殺到するでしょ。

キ　そうかもしれませんね。

師　だから、あえてそこはズラしましょうよ。

キ　ズラす？

師　うん。

キ　ズラすのも、〝わざと〟感が見えてくるといやらしいものですが……どのくらいズラせばいいでしょうか？

師　半日。

キ　たったの半日……？

師　あっ、この人たち寝坊したんだな…と思わせるくらいで。これくらいの

ドジさ加減が好きだよ、オレは。寝癖なんかつけちゃって、役所に来るのが遅くなったのはどっちのせいだみたいなことで、窓口でちょっと喧嘩したりなんかしてね。本当はもっと早く来たかったんですよって気持ちがにじみ出ちゃうの。

キ　この二人は今後も同じような喧嘩を一生するんでしょうね。

師　その記念すべき「結婚して最初の喧嘩」が、元号の変わったときだった…と。いいじゃない。

キ　二人にとってはかけがえのない思い出になりますね。

師　ただ、これだと楽しさが一瞬で終わっちゃうから、もったいないと思わない？

キ　「もったいない」ですか……？

師　新元号について、あなたは騒いでいますけれども。

キ　はぁ…

師　なんでオレたちがこんな呑気なことを言い合えるのかということを、考えたことがあるのかな？

キ　ん？　…といいますと？

師　慶応から明治に変わって以来、初めて天皇陛下が崩御されないで元号が変わるんだよ。

キ　あーッ！　なるほど。すごく大事なことなのに、すっかり忘れてました。だから元号が変わる心の準備もできるし、記念結婚なんて浮かれた発想もできるわけだ。これまでだったら突然訪れることですし、〝記念〟なんて不謹慎で考えられないことです。

師　そう。だからゴキゲンにカウントダウンもできるわけだよ。……ところで平成はあと何ヶ月？

キ　来年の4月30日まででですから、9か月くらいですかね。

師　もう一年ないんだから、この平成のラスト9か月をたっぷり楽しまないともったいない。……そこで、ずばり！

キ　……ずばり？

師　**「Hey! Say! J」**をしようと言いたい。

キ　へい・せい・じぇい？　なんかどこかで聞いたことあるような……平成、ジェイ？

師　J・I・Y・U・K・E・N・K・Y・U！　自由研究！

キ　自由研究の頭文字ですか!…ってか、また自由研究?

師　平成31年から、一年いちねん振り返っていく大人の「平成」自由研究です。歴史的事件や出来事を調べるのは当然として、自分にとっての出来事も思い出して書き並べてさ。

キ　フェアリーさんにとっては、まさに平成の時代が自分史みたいなものですからね。

師　この人の生まれたのが平成3年くらいでしょ。

キ　そうですね。

師　平成2年と元年はまだ生まれてないけれど、親御さんに当時の二人のことをインタビューしてさ。

キ　もしかしたら平成元年に出会って翌2年に結婚なんてことも…

師　あるでしょうね。もちろん。

キ　すごいドヤ顔!

師　「平成」自由研究を機に平成と自分とを振り返る。今まで知らなかった親御さんのアチチな時期まで踏みこめるチャンスでもある。

キ　チャンスかどうかはフェアリーさんの気持ち次第ですが、これをきっかけに家族の会話が活発になるかもしれないですね。

師　そう。元号が変わる瞬間だけ楽しむのはまだまだ子ども。大人は大人のやり方で、新元号までの時間を骨の髄まで楽しまなくっちゃ。

キ　まさに、大人ならではの自由研究！

師　別に自分史じゃなくてもいいんだよ。野球に関する平成でもいいし、アイドルに関する平成でもいいじゃない。テーマはなんでもいいの。

キ　どんなことでも調べてみたら、新しいなにかが見えてくるかもしれないですもんね。

師　うん。それに、たとえ見えてこなくたっていいの。無駄に終わってもいいの。……無駄なことって最高に楽しいから。それこそが本当の自由研究でしょ。

Hey!! Say!! J!!（自由研究）

18

職場の後輩に振り回されています

読者からの質問への答えに一区切りつけた一之輔師匠は席を立ち、ドリンクバーへ。私キッチンミノルは、師匠の話した内容をノートに軽くまとめている。ふと目をあげると、すでに師匠は席に戻ってきていて、見るともなく私を眺めていた……。

師　……さっきの質問で「20世紀最後の○○」って話があったでしょ？

キ　ありましたね。

師　じつはオレって「21世紀最初の落語家」なんだよ。

キ　21世紀最初の……？

師　そうなんだよ。２００１年にうちの師匠に入門したの。図らずもオレは21世紀で最初に誕生した落語家なんだよね。

キ　ええーッ！

師 つまり必然的に、21世紀を担う落語家だということなんだよ。

キ なるほど……高校野球の「21世紀枠」みたいな。

師 違うよ！ それだとまったく意味が変わってくるじゃねぇか。

キ 「21世紀を担う落語家」ですね。

師 そうです。

キ 図らずも21世紀の幕開けとともに落語家になったということですが、当時そのことについて、なにか思うことはあったんですか？

師 そりゃあ、あるよね。

キ あ、あるんですね。

師 21世紀の申し子として、この100年をオレが、オレの落語が背負っていかねばならないのかなって思ったよね。

キ ほおほお。

師 この100年は、オレの落語にかかってんのかなって。

キ へー、すごいすごい！ さすがですね。

師 なんだよ！ バカにしてんのか？

キ あっ……。「さすが［注1］」って言葉はこういうときに使うといけないん

［注1］第14回『ことばに「心がこもっていない」と言われます』をご覧ください。
（↓164ページ）

でしたね。よくわかりました。

師　オレで試すな。

キ　だけど師匠が「21世紀最初の落語家」で21世紀を担う落語家ってことを誰も知らないんじゃないんですか？

師　……キッチン。そんな冠〈かんむり〉はね。あとでヘロドトス［注2］や司馬遷［注3］がつけるものであって、自分で名乗るもんじゃないの。わかる？

キ　それは気がつかず失礼しました…って、さっき自分で名乗ったんじゃないですか!!

師　へへへ……。誰も言ってくれないから、自分でちょっと言ってみちゃいました。

キ　照れられても困ります。

師　でも、今まで誰も気がついてなかったみたいだから。

キ　私に小言を言うふりをして、あたかも誰かから言われたエピソードみたいに持っていこうとするの、やめてください！　師匠は時々そういうプロの技を使うからなぁ。……でもたしかに、21世紀最初の落語家［注4］だっ

［注2］紀元前5世紀の古代ギリシアの歴史家。ペルシャ戦争を中心とした『歴史』を著し、「歴史の父」と呼ばれる。

［注3］紀元前2～1世紀の中国の歴史家。中国初の世界史『史記』を著した。

［注4］2001年1～3月に入門された、「自分こそが〝21世紀最初の落語家〟である」という方、または正確な情報をお持ちの方々からの御連絡をお待ちしております。

たとは気がつきませんでした。

師 そうだろ。

キ ちなみに何月に入門したんですか？

師 4月。

キ ……4月……ですか……

師 …………他にいるかな？

キ ……い、いるかもしれませんね。

師に問う

39歳パート主婦です。最近入社して私とペアを組むことになった職場の後輩が、入社3日目からすでにタメ口（ときには上から目線）で、くだらない冗談を言っては肘で小突くなど、馴れ馴れしい上に、どっちが先輩なんだ!?…と思わせる毎日の言動に、かなり違和感をおぼえます。それでいながら仕事の習得が遅く、上司から注意を受けるような後輩です。悪気はなく、他人との距離のとり方が異常に近い人なの

だと思うのですが、私は不快です。どうすれば気持ちよく仕事が出来るでしょうか。

（更年期のあげ潮／静岡県）

キ　私も馴れ馴れしいとよく言われるほうなので、こういうふうに知らず知らずのうちに他人に嫌われていることもあるのかなぁ…なんてこの質問を読んで思いました。

師　あるだろうね。

キ　……他人に言われるとなんかムカつきますね。

師　だけど、初対面でいきなりタメ口ってすごいね。「くだらない冗談を言っては肘で小突く」、あはは。この後輩はダメなところがいっぱいだなぁ。

キ　なかなか小突けないですよね、先輩を。

師　良いところは、悪気がないことくらいか。

キ　だけど、後輩のタメ口が始まったのは入社3日目からなんです。2日目までの間に、後輩とあげ潮さんとの間には何があったんでしょうか？

師　こんなに後輩になめられるなんて普通じゃないですよね。

　　そう！　そこはかなり気になる。……この方自身が、後輩の態度を変えさせるほどの重大な過ちを2日目までに犯している可能性は否定できないからね。まずは自分の発言や行動に過ちはなかったか、見直す必要はあるかもね。

キ　後輩への文句を言う前に、まずは自分を振り返ってみる…かぁ。……だけど、ちょっとバカにしている感じはありつつも、この後輩はきっとあげ潮さんのことが好きですよね。懐いていますよね。

師　そういう雰囲気はあるね。

キ　例えば前座さんとかで、師匠に懐いてくる方も多いと思うのですが？

師　意外といないよ。まず最初に「楽屋では口きくな」って教わるからね。

キ　そうか。真打の師匠と前座さんとでは立場が相当に違うし、最初に厳しく言われるから、あげ潮さんの後輩みたいな人はいないのか。……では、師匠のほうから相手へ気を揉むってことは起こらないんですね。

師　それでも懐に飛びこんでくる奴はいる。才能なのか天然なのかはわからないけど。

キ　あー、それはすごい。ザ・芸人さんって感じですね。

師　ただそいつが、「懐に飛びこんできたら嬉しい奴なのか、そうじゃないのか」は、また別問題なんだけどね。

キ　次の段階は気が合うかどうかの話になるのかぁ。嬉しくない人が懐に飛びこんできたら、ちょっとイヤですもんね。

師　まあね。でも、こちらがヤだなぁと思ってる以上に深く飛びこんできたら「しょうがねーなぁ」と思っちゃうこともある。こいつはこういう奴なんだな…と認めてしまうというか。

キ　飛びこむならば、とことん飛びこんじゃえばいいんだ。

師　そうなると、それはそれで、そういう個性として認められるんだよ。

キ　あげ潮さんの場合は、職場でペアを組まないといけない仲間ということもあるでしょうが、嫌だなと思いつつも完全に拒否まではしていないんですよね。後輩の態度はもう変わらないって諦めているのか、自分が気持ちよく仕事をするには自分自身どうするべきか…という前向きな質問のようにも受け取れます。

師　職場のペアとはいっても現在の距離感だとストレスが溜まってしまうん

だから、あげ潮はまず、この後輩がどちらに属するのか、試してみるべきだと思うよ。

キ 飛びこんでくる奴なのか、そうじゃないのか…を？

師 そう。

キ たしかにそれによって今後の対応が変わってきますからね。

師 例えばこんな一言を冷静に投げかけてみたらいいんだよ。「やめてくれないかな。そういうの嫌いなんだよね。わたし先輩だし」って。

キ まずはストレートに気持ちを伝えてしまう。それで……

師 後輩が「すみませんでした、気をつけます」とか「えっ、そうだったんですか」っていう反応だったら、こっちの気持ちをわかっていなかっただけだから、ちょっと小言を言ってもいいかもしれない。そのあとは普通の同僚として、適度な距離感でつきあっていけばいい。

キ なるほど、人それぞれ距離感が違うんだよってことを相手に伝える良い機会になるのか。それにこれくらいであれば、あげ潮さんがそのあと今までどおり普通に接すれば、あまり波風は立たなそうですね。

師 ……だけど、もしさ。

キ　ん？　もし？

師　後輩がさ、「またまたぁ、そんなこと言っちゃってぇ〜」と乗っかってきたとしたら……リーチです!!

キ　リーチ!?

師　「キタ〜ッ!!」って喜んだほうがいいよ。心の中でガッツポーズものだから。

キ　ガッツポーズまで出しちゃうくらいに……？

師　だって、あなたは今、とんでもない物語の入り口に立っているかもしれないわけだから。

キ　え……

師　さぁ、ここでもうひと押し！「嫌いだ、っつってんだろー!!」と、キレ気味に叫んでみましょう。

キ　ええーッ！　キレちゃうの!?

師　「あれ〜ェ？　この人なんか怒ってる〜〜ゥ」って、人を食ったような返答が後輩から返ってきたら、もうビンゴだから！

キ　す、すみません。ちょっと話の展開に置いてきぼりをくらって理解できないんですが……

師　まだ気がついてないの？　この二人の関係をちょっと引いてみてごらんなさい。「同じ職場」「無理やり組まされたペア」「真面目で口数の少ない先輩」「馴れ馴れしくて仕事のできないダメ後輩」……そんな二人が出会っちゃったんだよ。これってバディ作品の典型でしょ〜が！

キ　バ、バディ作品……先輩刑事と後輩刑事が事件を解決していくアレですか？

師　そう。あげ潮さんがトミーで後輩がマツってことになるのかな。

キ　トミーにマツ？

師　日本でバディ作品の元祖と言われている『噂の刑事トミーとマツ〔注4〕』しかないでしょ！　まあドラマでは、マツが先輩でトミーが後輩なんだけど、この際いいや。

キ　はぁ？

師　『メン・イン・ブラック〔注5〕』でもいいよ。ペチャクチャうるさい後輩がウィル・スミス。

キ　……

〔注4〕1979年〜1982年にTBS系ほかで放映されたテレビドラマ。国広富之演じるトミーと松崎しげる演じるマツの凸凹コンビが事件を解決する。

〔注5〕1997年公開のアメリカ映画。最高秘密機関MIBのベテランK（トミー・リー・ジョーンズ）と新人J（ウィル・スミス）が活躍するSFコメディー。

師　つまり、あげ潮さんはバディ作品の主人公で**不愉快な後輩は格好のパートナー**なの。

キ　なるほど！　あげ潮さん&後輩コンビとはキャラクター設定がちょっと違いますが、言わんとすることはわかります。

師　こうなったら、とことん主人公になりきるしかないでしょ。

キ　この後輩と……

師　そう。なかなか実生活で物語の主人公になれることなんてないからね。この際、違和感や不快な気持ちごと、凸凹バディ状況を楽しみましょう。「毒を喰らわば皿まで」ってヤツです。

キ　そ、そうですね。

師　第一話目のタイトルは「三日目の事件簿　～最悪の出会い～」で決まりだね。さぁて、これから二人でどんどん事件を解決するよ～～ッ!!

不愉快な後輩は、
格好のパートナー

19 江戸っ子の啖呵に憧れます

昼下がりのファミレスの片隅で、お悩み相談はさらに続く。これも我らが師への信頼が厚い証だ。しかし世の中には他人に信頼される人間とされない人間がいるようで……。

師　………さっきまで女子高の落研の子たちに、落語の講義みたいなことしてきたんだよ。

キ　女子高ですか！　いいですね〜。

師　この前の落語会で、オレへの手紙をキッチンに託した女の子がいたでしょ？

キ　はい、いましたけど……？

師　じつは、その子が部長でさ。

キ　ああ、そうだったんですか！　ロビーで本を売っているところにやって

きて、「これを一之輔師匠に渡してください」って手紙を預かったんですよ。

師　そう、その女の子。

キ　軽い感じで、わかりました…って受け取って、机に置いておいたんですね。しばらくして誰かに見られているなぁと思ったら、その子がキラキラした目でずーっとこっちを見ていて。

師　キッチンに手紙を預けたのはいいけど、本当にオレのところまで届くのだろうかって心配になったんだろうね。

キ　とはいえこっちも本の販売に忙しいから、スタッフが通りかかったらお願いしようと思ってたんです。そうしたら途中でまた近づいてきて「ちゃんと渡してくださいね」と念を押されて。

師　キラキラした目で……

キ　そうです。だから、これはヤバい手紙だな…気楽な手紙じゃないんだなと思って。販売を放棄して、すぐに楽屋に向かいましたからね。

タ　隣にいた私の印象だと、キラキラした目で〝見ている〟というより、鋭い視線で〝見張っている〟ようでしたよ、あれは。

師　キッチンの、あの切羽詰まった顔はそういうことだったのか！　マイクテストしているときにいきなり来たんでびっくりしたよ。

キ　こっちも必死ですから。キラキラした瞳を曇らせてはいけないって使命感がありますからね。それで師匠に手紙を渡してホッとして楽屋口からロビーに出たら、その子が外で待っていて……

師　ちゃんと手紙がオレに渡ったのか、最後まで見届けられていたんだ。

キ　はい。私はそのときに思いました。信用がないって辛いことだな…と。

師　だけど、あの子は人を見る目があるよね。すぐにわかったんだろうね。「あ…、こいつは信用ならないぞ」って。こいつには念を押しておいたほうがいいなと。さすがは部長、いい判断だね。

キ　……

師　そうそう……その子が、この前の「つけまつ毛」の質問をした子だったんだよ。

キ　あ〜、つけまつ毛にもやもやしていた、アイアイさん〔注1〕だったんですか！

師　読者に信用されていないって……辛いだけでなく、とても悲しいね。

〔注1〕第13回『つけまつ毛に、もやもやしています』をご覧ください。（➡150ページ）

キ　なんかね…って、念を押して楽しまないでくださいよォ。

師に問う

お悩み失礼します！　江戸っ子の啖呵に憧れます。普段、怒りっぽいほうではないので、いざ怒った！…となると、手が震えて声も震え気味に。心拍数はあがるし、喋りづらくなります。落ち着いて話そうと思っても、ボルテージが上がっているからか、いつもの声の調子ではないし……。バーっ！っとスラスラ怒れる人ってすごいなと思うのです。嫌味とかでなく、そうなりたいのですが、性格の面が大きいのでしょうか。無意味に怒鳴り散らすのではなく、ここがこうおかしいだろってのを冷静にペラペラと顔色変えずに言えるようになりたいのです。ちなみに、御二方は怒ると、どういった感じになりますか？

（べらぼう／女性／29歳）

師　「お悩み失礼します！」って…勢いあるなぁ。

キ　お名前も「べらぼう」ですからね。そうとう威勢がいいですよ。ずいぶん江戸っ子の啖呵に憧れているようですね。

師　ちょっと江戸っ子に憧れすぎだなぁ。

キ　町を歩いていて啖呵を切っている人を見かけるってことはなかなかないですが、落語の世界には、聞いていてスカッとするような啖呵を切る『大工調べ』〔注2〕の棟梁みたいな江戸っ子が登場しますよね。私も大好きなんですが、日常ではなかなか……

師　啖呵はなかなか日常では使えないでしょ。……啖呵っていうのは、心底怒ったときには出てこないんじゃないかな。稽古のときに教わったのは、啖呵はテンポよくはっきり言いなさい…ってことだったから。怒っちゃダメなんだよ。つまり「啖呵は冷静じゃないと言えない」ということ。

キ　この方も、冷静にペラペラと理路整然と怒りたい…と書いてあります。

師　それはもう、怒ってないからね。心理的状況としては。

キ　たしかにペラペラと理路整然と怒れるのは、頭のどこかが冷静であればこそか。……ちなみに『大工調べ』の啖呵をスラスラと語るためには、やっ

〔注2〕古典落語の演目。家賃を滞納したせいで大家に大工道具を取り上げられた与太郎。棟梁が仲裁に入ったはずが…という噺。棟梁が放つ、江戸っ子の職人らしい威勢のよい啖呵が見どころ。

ぱりかなり練習するんですよね？

師　するする。けっこうする。

キ　何度も繰り返して？

師　それしかないよね、啖呵がうまくなるためには。

キ　それじゃあ、オリジナルの啖呵を考えたりすることは？

師　ない。……『大工調べ』の啖呵っていうのは先人から長い年月かけて受け継がれてきて、すでに一息で言いやすい形になっているから。変えないほうがいいと思っている。

キ　練りに練られた言葉ということなんですね。

師　そうだよ。啖呵はフィクションだから。現実世界では、落語の世界の棟梁みたいにトントンって言葉が出てくる人なんて、そうそういないでしょ。

キ　いない気がします。

師　志ん生師匠の言葉に「棟梁は啖呵が切りてぇんだよ」というのがあるんだけどさ、啖呵を切る人は啖呵を切りたくてしょうがないだけなんだよ。ファッションだから啖呵は。

キ フィクションでファッション。言葉の様式美みたいなものかぁ……

師 そう。見せかけよ。……現実に目の前で啖呵を切られてごらん。スラスラスラ〜って言葉が流れていくのに感心しちゃって、内容なんて入ってこないと思うよ。

キ たしかに、この人よくもまぁこんなに淀みなく喋れるもんだ…って驚いているうちに啖呵が終わっているかも。

師 「激おこぷんぷん丸」と同じだよ。

キ ギャル語の？ ……古い。師匠からその言葉が出てくるとは！

師 当時、その言葉を使いたいがために、別に怒っているわけじゃないのに「激おこぷんぷん丸」ってメールに打っている自分がいたからね。

キ 「激おこぷんぷん丸」と啖呵が同じかぁ。

師 どちらもファッションよ。ファッション啖呵であり、ファッション激おこぷんぷん丸。……だからちゃんと怒りを相手に伝えたいなら、啖呵を切れる人よりも、べらぼうさんみたいに怒りで顔が真っ赤になって、手に力が入ってワナワナしてさ、口角泡を飛ばして。涙を流しながら怒るほうが、よっぽど人間らしくていいと思うけどなぁ。

キ　すごく人間っぽいです。そこまでの怒り方をするってそうとうな場合ですけどね……ちなみに師匠が怒ったときは、どんな感じに？

師　オレも怒り方はあんまりうまくないんだよなぁ。怒っている自分に熱くなっちゃうというか……べらぼうとあまり変わらない気がする。

キ　でもべらぼうさんは、それはみっともないと思っているんです。

師　江戸っ子に憧れているからね。手ワナワナ、口角アワアワは粋じゃないと。

キ　そうですね。

師　それじゃ、もし怒りがこみ上げてきて冷静さが失われそうになったら、こうしてください。

キ　はい。

師　大きなため息を吐きましょう。「ハァ〜〜…」って。

キ　まずは体に充満した力みを取るんですね。

師　そして眉毛を上にあげましょう。

キ　眉毛を…あげる？

師　心底呆れてますよ…っていう演技です。

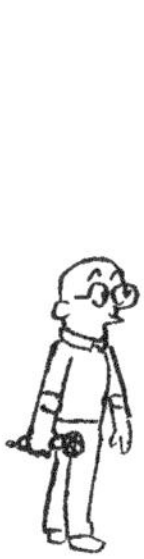

キ　演技？

師　そして、**傍に奈津子を**呼びましょう。

キ　ナツコ……？？？　誰ですか？

師　「ナッコ」といえば当然、我らの戸田奈津子でしょうが！

キ　いやいや。「でしょうが！」って言われても……〝日本語字幕の生けるレジェンド〟こと戸田奈津子さん？

師　そう。常に心のどこかに奈津子を棲まわせておいて…

キ　心に戸田奈津子を棲まわせておくんですか？

師　そして、あなたのアングリーレベルが上がってきたときに傍に、お呼びしましょう。

キ　はぁ。

師　そして直接相手に怒りをぶちまけるのではなく、いちど奈津子に向けて怒りの思いを語るの。彼女に気持ちよく翻訳してもらえるようにね。

キ　……あくまでも冷静さを失わずに、戸田さんが翻訳しやすいような心持ちで怒りをぶつけていく感じですかね。

師　そう。……テンポよくはっきりと。

キ　あっ！　落語で啖呵を切るときの大事なポイントですね。テンポよくはっきりと！

師　そのとおり！

キ　たしかに、冷静さを失わずにテンポよくはっきりと…まで意識できたら、自然と啖呵を切っているみたいになるかも⁉

師　しかもどんなに激しい怒りでも、奈津子はすぐに短い言葉で情緒豊かに翻訳してくれますから。ときには誤訳もしますよ。だけどそれはそれで、人間らしくていいじゃない。

キ　いやいや翻訳はしてくれないでしょ！　戸田奈津子さんはあくまでも架空なんだから。

師　バカ者！　そこは本気で奈津子がいると思わなきゃ。頭で理解しようとしちゃダメ、感じなきゃ奈津子を。すぐに頭で理解しようとするのはキッチンの悪いところだぞ。

キ　はぁ……

師　そもそもここでの奈津子は、自分の考えが相手に正しく伝わるようにするための媒介であって比喩なの……わかる？

キ　媒介？　あーそういうことか、理解しました。……でも、戸田奈津子さんは英語から日本語への翻訳者であって、こちらの思いを伝えるのに日本語じゃまずいんじゃないでしょうか？　それなら英語で伝えるんですか？　もう啖呵どころじゃなくなっちゃうなぁ。どうしましょう？

師　てめぇ、なにひとつ理解してねぇじゃねぇーか!!　そういうことじゃないんだって。……まぁいいや、めんどうくさいから。べらぼうは英語が得意なんだよ！　すんげーペラペラなの。わかった？　それでいいだろ!!

キ　いやいや、そんなこと一言も書いてありませんよ。話の辻褄が合わないじゃないですか！

師　うるさいなぁ～！　もういい！　そんなことは架空なんだからどーでもいいんだよ！　バ～カッ！

キ　あー、言った！「架空」って言った!!　いま逆ギレしながら架空設定を認めましたよね⁉

師　お前は小学生かッ！　ハア～～…

キ　…あ、呆れ顔？　おっ、もしかして……

師　……ハア…

キ　ため息、長っ。どうしました？

師　う〜ん……

キ　さぁ啖呵を！　啖呵を切ってくださいよ！

師　どうも奈津子はオレの中には棲んでいないみたい……

キ　お〜〜〜い！

相談者のその後

啖呵に憧れは残るものの、フィクションでファッションでプロの技ということで、おこがましいと思い直しました。傍らには奈津子の代わりに「呆れ顔師匠」の姿を…かなり有効です！

傍に奈津子を!!

20 苛立ちが止まらないときには……

怒り方は難しいという話に続き、今度は筋の通らないことが大嫌いな方からのお悩みが。苛立ちが文面から滲み出ている。思わず私キッチンミノルも、お悩みを読み上げる声に力が入り……。

タ ……前回のお悩みメールの最後に、お二方はどんなふうに怒りますかという質問もありました。師匠のお答えはいただきましたが、キッチンさんの場合は怒るとどうなるんでしょう？

師 キッチンは怒られることはよくあるけど、そんなに怒ることなんかないでしょ。

キ そうですね、怒られることはこの歳になってもよくあります。師匠にもよく怒られてるもんなぁ。なんか最近も怒られたような気がするけど、なんでしたっけ……？

師　そういえば、なにかあったような…

キ　そうだ！　打ち上げの後、二人で沖縄料理屋で飲んでたときだ……

師　ああ、高架下の店ね。

キ　一緒に泡盛をしこたま飲んでいたら、隣の席のお客さんが、いきなり三線をケースから出して演奏し始めたんですよ。

タ　キッチンさんは沖縄とは縁が深いですもんね。〔注1〕

キ　私にはそのあとの記憶が全然ないんですが、どうも私が踊り始めたのか歌い始めたのかして、止まらなくなっちゃったらしいんです。

タ　キッチンさんは身体も声も大きいからねぇ……

師　すげー迷惑なんだよ。

キ　困り果てた師匠が私の奥さんに直接電話して、「あまりにも酷いから、帰ったら説教してくれ」って言ったらしいんですよ。すでに寝ていた奥さんもびっくりです。

タ　あちゃー…

キ　そのあと家の近くの草むらで寝ているところに奥さんからの何度目かの電話があって目が覚めて、急いで家に帰ったらすごく怒られて。

〔注1〕キッチンミノル写真・中村雅之著『沖縄 のこしたい店 忘れられない味』は誠文堂新光社より発売中。

師 アハハハ、本当に説教されたんだ〜。

キ 笑い事じゃないですよ！ それで「すぐに師匠に謝ってこい！」って叱られて。ちょうどその日が早朝のラジオ［注2］の日だったんで、すぐにスタジオに謝りに行ったんです。そしたら、師匠も夜のこと全く覚えてなくて…

師 あれ、なんでキッチンがいんの?…ってなってね。「電話？ してないよ〜」って言いながら携帯の発信履歴を見たら、ばっちり残っててさ。

キ そうそう。それから家に帰って奥さんに「師匠もなにも覚えてなかったよ。あぁ、よかった」って言ったら、「二人ともタチが悪い！」って、またすげー怒られたんですから!!

師 オレのせいじゃねーだろ！

キ これ、どっちが悪いんですかね。高成さん？

タ ……………

［注2］毎週日曜の朝6時からJFN系の一部で放送中の『SUNDAY FLICKERS』。東京のスタジオから放送されているのに首都圏では聴けない…と悔しいあなたにはradikoのエリアフリー（税別350円／月）をオススメします。

師に問う

筋の通らないことについて、受け入れることができません。たとえば、今の職場では真面目な人が損をするような場面が多く。目撃したり聞いたりしてしまうと、我慢ならず、上司に物申してしまいます。上司も問題意識を持ち、改善に努めてくれていますが……「他人は他人！」と黙ってスルーしておけばラクなのに。スイッチを切って見ないようにすればいいのに。と自己嫌悪にもなります。が、目についてしまうんです。

嫌なおばさんにはなりたくないけれど、おかしいものはおかしいと声をあげたい。めんどくさいと思われようが、わたしの主張は歪んでいるとは思わない。けれど、周りがぬるま湯に浸かりすぎていて…私のほうがおかしいのかなと、思いつめてしまいます。「ひたすら真面目にやれ！」とは思いません。わたしもラフに楽しくやりたいですが、それは最低限のやるべきことをやっていることが大前提であって、「最低限すらできてない奴は、なにしてんの？」って思考になっちゃうのです。
気になって、苛立ちが止まらないときにはどう思考を変換すればよいのでしょうか？
（ベントラちゃん／女性／29歳）

タ　（小さな声で）キッチンさんキッチンさん！　すみません、質問を読み上げる声がちょっと大きいです……

師　ラジオのＤＪやってんじゃないんだからさ、静かに喋れねぇのかお前は。その声のせいで居酒屋でも怒られるんだから。

キ　すみません……

師　質問の紙、貸して。自分で読むから。……長げーなぁ！　……「上司に物申してしまいます」か。かっこいいじゃない。それから…「私のほうがおかしいのかな」と思いつめていると書いてある。だけどその前に、「周りがぬるま湯に浸かりすぎていて」と前置きしているわけだから、この人は実際には、自分のことをおかしいなんてこれっぽっちも思って

ないよね。

キ そうですね。……なかなか読み解くのが難しい文章ですね。

師 現代文のテストみたいだな。

キ なるほど。で、お答えはどうですか？

師 ……う〜ん。この人はこれでいいんじゃないの？

キ 全肯定？ それでもベントラちゃんさんは思考の変換をして楽に生きたいみたいなんですが……

師 いやいや、世の中にはこういう人も必要なんだよ。それに、この人はこの感じが性に合ってるもん。悩みじゃないよこれは。

キ 悩みじゃない？

師 ベントラちゃんは「おかしいものにはおかしいと声をあげたい」わけなんだから。それが本心でしょ。曲げる必要ないよ。気になって苛立ちが止まらないときには、今までどおり物申していくべきだよ。自分でもそう思ってるでしょ。

キ でも思考の変換をしたいそうなんです。

師 だから、しなくていいって。思考の変換なんてしたら、今までのあなた

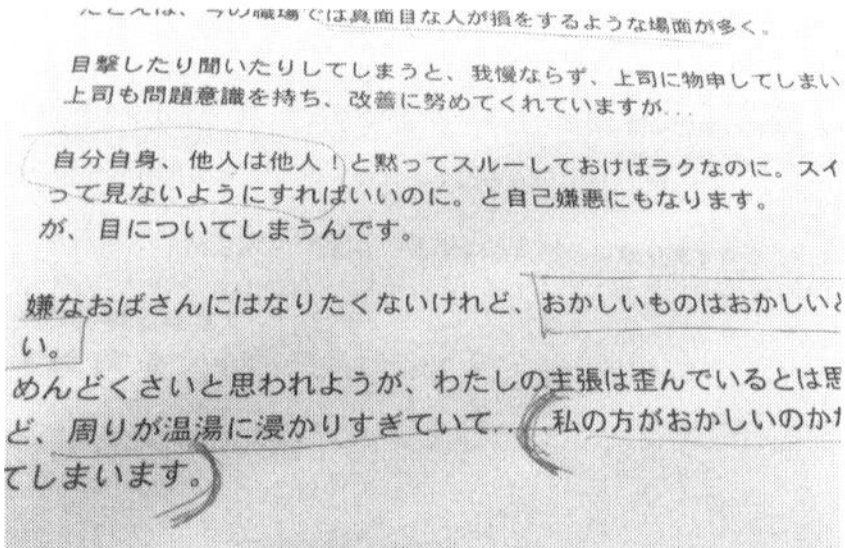
職場では真面目な人が損をするような場面が多く。
目撃したり聞いたりしてしまうと、我慢ならず、上司に物申してしまい
上司も問題意識を持ち、改善に努めてくれていますが…
自分自身、他人は他人！と黙ってスルーしておけばラクなのに。スイ
って見ないようにすればいいのに。と自己嫌悪にもなります。
が、目についてしまうんです。
嫌なおばさんにはなりたくないけれど、おかしいものはおかしいと
い。
めんどくさいと思われようが、わたしの主張は歪んでいるとは思
ど、周りが温湯に浸かりすぎていて……私の方がおかしいのか
てしまいます。

我らが師が、まさに現代文を解くように赤ペンを走らせたお悩み文章。

キ　ではなくなってしまうんだから。

師　はぁ……

キ　……だけど疲れるだろうね。

師　そうですね。そうとう疲れますよね。だからこそ、こういう質問を送ってくださったんだと思います。

キ　でもなかなか言えないぞ。ミスチルには言えない。「おかしいものにはおかしいと声をあげたい」なんて歌詞は絶対に書けないでしょ。桜井さんには。

師　そうですかね……〔注3〕

キ　やっぱりこういう人には長渕剛かなぁ？「この腐りきった島国に！　追い焚きをしろ!!　**舵をとれ、船を漕げ！　追い焚きをしろ!!**」ってね。

師　追い焚き!?

キ　「てめぇらのぬるま湯をオレが熱くしてやるぜ——ッ！」って。

師　それは銭湯のおやじさんが言うセリフでしょ？

キ　言わねーよ。本気の長渕ファンに怒られんぞ！

〔注3〕書いているかもしれません。

キ　すみません。

師　「オ〜オ〜　この腐りきった島国にィ〜　追いだきをしろォ〜！　残ったご飯は焼きおにぎりにしろ〜‼」

キ　いやいや師匠も怒られますよ！　似てもいないモノマネまでして。

師　……でも、焼きおにぎりってうまいよね。

キ　うまいです。

師　オレは断然しょうゆ派だね。

キ　味噌もいいですけどね。……ああ、なんか食べたくなってきた！　メニューに載ってないかなぁ。

師　ファミレスに焼きおにぎりがあるわけねぇだろ〜がぁ！

キ　あるかもしれないじゃないですか。え〜と…ん？　あった、ありました！

師　うそ⁉

キ　へへ、うそです。

師　……あのね、ベントラちゃんは今、キッチンにそうとうイライラしていると思うよ。

キ　え、そうですか？

師　自分でわからないの？

キ　……

師　今みたいに苛立ちが止まらないとき、ベントラちゃんにはぜひ寄席に来てほしいね。あなたがイライラするような人間が、落語にはいっぱい出てきますから。

キ　あ〜、うじゃうじゃいますね。

師　江戸時代から、ずーっとぬるま湯に浸かっている人たちがね。第三者的に見ていると、そういう人たちって面白いんだよ。

キ　遠くの世界での出来事だからこそ、無責任に面白い

師　そうそう。だけど、ぬるま湯の落語世界にもちゃんと山椒のような小粒でピリリと辛い存在がいるんです。例えば『大工調べ』の因業大家みたいな人ね。

キ　与太郎から、店賃の代わりに大工道具を取り上げてしまう大家ですね。

師　落語の中だと、棟梁に啖呵切られて奉行に叱られて踏んだり蹴ったりだけど、よくよく聞くと大家さんはあくまでも当たり前のことを言っているだけなんだよね。店賃を全額納めなきゃ大工道具は返さないよって、

キ　当然のことでしょ。
　そう言われれば、そうですね。『大工調べ』は棟梁の啖呵のかっこよさばかりに注目してしまいますが、大家さんに注目すると、けっこう筋の通ったことを言っているのか。

師　そうなんだよ。これってまさにベントラちゃんでしょ。

キ　本当だ！　きっと本人はあんまり嬉しくはないと思いますが……

師　だけど、世の中にはそういう人がいないと困るのも事実。長屋のみんなが、なんでもいいよいいよって許していたら、必ずその長屋は滅びるからね。だから因業大家がいるってのは、すごく大事なことなんだよ。

キ　そんなこと思ってもみなかったなぁ。

師　……残念な言い方ですが、ベントラちゃんは損な役回りなんです。これはもう、仕方がないことなんだと思う。周りになかなか理解してもらえないかもしれないけど、あなたがそのままでいてくれるだけで助かる人が大勢いるんだよ。

キ　ベントラちゃんさんがいなくなったら、今の職場は崩壊するかもしれないですもんね。職場の多くの人たちは気づいてないかもしれませんが。

師　現実世界のぬるま湯にはイライラしちゃうだろうけどさ、落語世界のぬるま湯はあくまで他人事なんだから大いに笑ってもらってさ。

キ　現実のしがらみから離れて…

師　うん。そして現実世界に戻ったら、あなたにはあなたの中にある因業大家っぷりを大いに遺憾なく発揮してもらって、いつまでもいつまでも世の中を追い焚きし続けて欲しい。

キ　ただいつも一生懸命世の中に物申していたら、今回みたいに思いつめてしまうときがまた訪れるかもしれないのが心配ですが……

師　ベントラちゃん、追い焚きに疲れたら、また落語世界に戻っておいでよ。あなたみたいな人のために、寄席は365日毎日休まずやってるんだから。

相談者のその後

『大工調べ』の大家さんに親近感がわいてます。

追い焚きしろ!!!

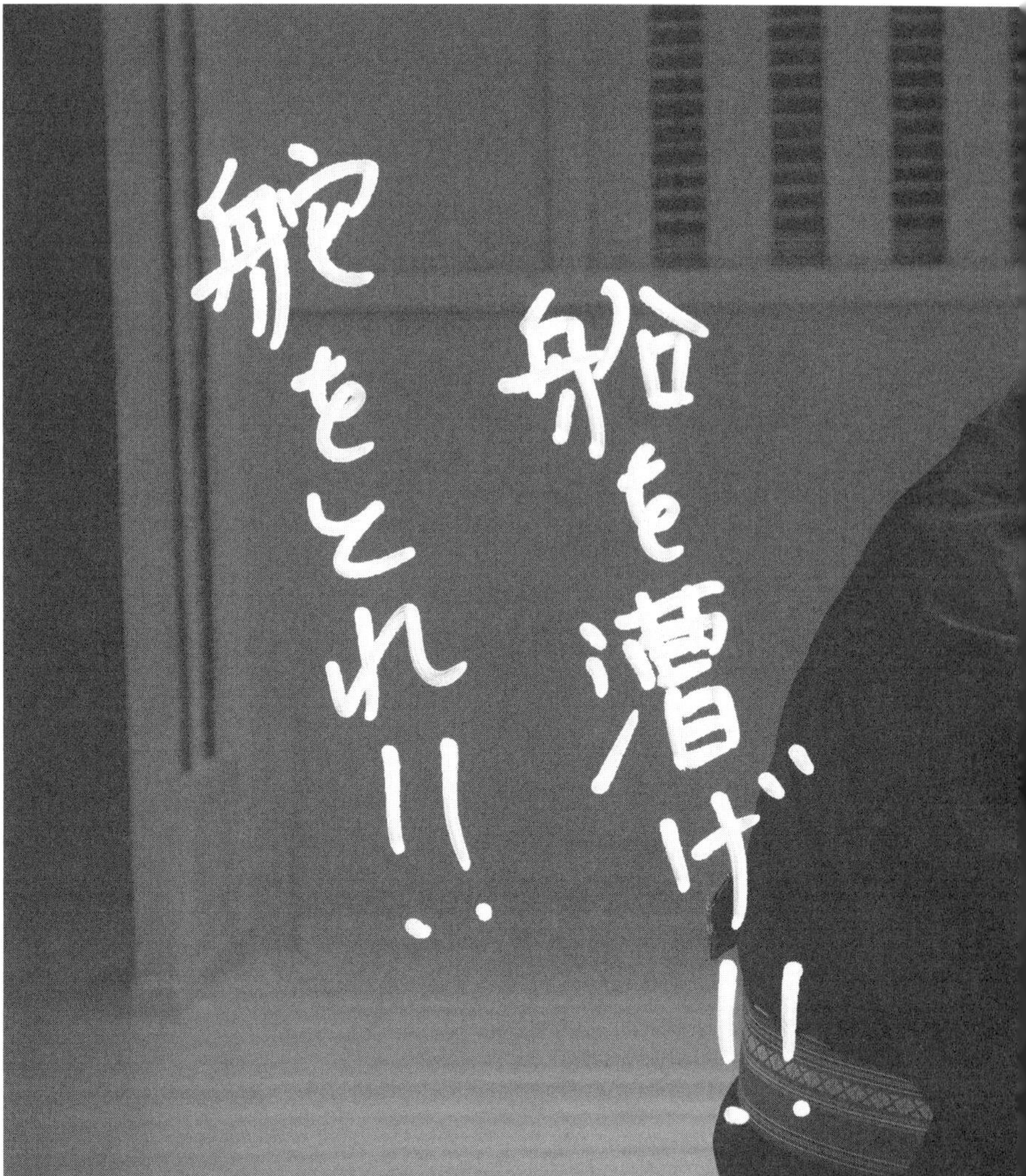
船を漕げ!!
舵をとれ!!

21

プレゼントに緊張してしまいます

暦の上ではとっくに秋。とはいえ残暑はまだまだ続く気配。……けれども雲の形や虫の音そして居酒屋のメニューに、少しずつ秋の訪れを感じます。

師　今日は月刊誌［注1］の原稿を書き上げてから来たし、準備万端だぞ〜。

キ　おお〜！　日々お忙しい中、このために他の仕事を片付けてから挑んでくださるなんて嬉しいです。

師　そうゆうことよ！

キ　ありがとうございます！

師　まぁ、とりあえずビールね。

キ　え、いきなりアルコールですか…？

師　だって呑まなきゃやってられないでしょ。

［注1］EX大衆（双葉社）にて「人生のBGMはラジオがちょうどいい」を絶賛連載中。週刊朝日「ああ、それ私よく知ってます。」以上にはじけた、我らが師のコラムが読めます。

キ　え〜と……、〝やってられない〟とは？

師　だって今日の仕事は終わらせてきたんだから。……なにか？

キ　……すみません。時々不安になるんですけど、これもお仕事なんでよろしくお願いしますね。

師　はいはい。またキッチンは大きな声で……疲れてるんだから頼むよ…

キ　頼むよ!?　……それはこっちのセリフですよ!!　本日も迷える我々にお導きの金言をよろしくお願いしますよッ！

師　はいよ〜。

師に問う

友達からプレゼントをもらうと、緊張してしまいます。誕生日のプレゼントや旅行のお土産みたいに、くれる理由があるときは平気なのですが、「コレ、かわいいからあげるね〜」みたいなときは、たとえ高価じゃなくても、「ありがとう」の前に「なぜ？」と思ってしまうのです。お返しするタイミングも分からないので、いろいろ気にする

くらいならプレゼントなんてほしくないと思ってしまいます。プレゼントのやりとりなんかなくても仲良くできると思うので、気をつかわないで欲しいんですが、さりげなく断るにはどうしたらいいでしょう？　それか、もらうのに慣れる方法を教えてください。

（相模原さが美／大学生／神奈川県）

師　もらえるもんはもらっちゃえばいいのに。断る必要なんてないし、お返しなんて考えてプレゼントもらっちゃダメだよ。

キ　ダメ…ですか。

師　「ありがとう」って言えばいいだけじゃないの？

キ　なるほど。

師　向こうだって見返りを求めてものをくれているわけじゃないんでしょ？

キ　普通はそうですよね。

師　見返りを求めてプレゼントをあげているとしたら、そんなヤツはもう友達じゃないよね。

キ　はい、そう思います。

師　ものをあげるのが好きな人っているからね。そんな人には、お礼の言葉と感想を言えばいいんじゃないの？

キ　その場でですか？

師　その場ではもちろんだけど、次に会ったときに。

キ　なるほど。お礼状なんかは……？

師　まぁ手紙まではいらないと思うけど。次に会ったときに、もう一度感謝の気持ちを伝えて、プレゼントの感想も添えるとより良いよね。

キ　あ〜、だけどそれをつい忘れちゃうんですよね。お礼を言わなきゃって思っているんですが、会っているときには思い出せなくて、別れた直後に思い出したりしてショックを受けるんです。

師　いかにもキッチンらしいな。

キ　相模原さが美さんも、このお礼を言うタイミングが難しいと思っているのかな？　気を遣うくらいなら、いっそプレゼントなんて最初っからもらう必要ないんだけど…っていう意見なんでしょうね。プレゼントがあるから友だちを続けているわけではないんだから…と。

師　友だちのほうだって、なにか魂胆があってあげてるわけじゃないでしょ。友だちを続けるためにプレゼントをくれるんだという考えが、そもそも間違い。

キ　間違い？

師　友だちは、「かわいい」とか「美味しい」とか「面白い」といった気持ちを、さが美ちゃんと分かち合いたいからプレゼントしているわけだ。

キ　なるほど。

師　だから、友だちを続けていきたいからプレゼントをくれると思っている時点で、相手に失礼なんだよ。

キ　友だちがプレゼントでさが美さんを懐柔しようとしているわけでは……

師　断じてない。そもそも相模原さが美さん、あなたはそれほどの人ではないです。

キ　いやいや、それほどの人かもしれないじゃないですか！

師　ないない。意識しすぎです。

キ　………

師　もしかしたら、さが美はかわいそうに思われてるのかもしれないよ。

キ　かわいそう？

師　こんなものもらったことないだろ、お前は…って。

キ　施しみたいな…？

師　さが美ちゃんと友だちになりたいからあげてるんじゃなくて、かわいそうだからあげているのかもしれない。「かわいい」と「かわいそう」の聞き間違い。

キ　ええ〜！　もしそうだとしたらめちゃくちゃショック！　いままで素直にもらっていなかっただけに余計にショックかも……

師　そうだろ。だから深読みせずに、プレゼントをもらったら「ありがとう」、そして次に会ったときにもういちど「ありがとう」と言えばいいんです。

キ　たしかにそのほうがよっぽど気が楽だ……。師匠も地方公演や特別公演のときにはたくさんのファンの方からお土産をいただいている姿をよく見ますが、断ったりってことは？

師　ないよ！　失礼だろ、それは！

キ　そうですよね。師匠は素直に受け取る派ですよね。

師　まあね。

キ　他の噺家さんで断る派の方っていらっしゃるんですか？

師　いや〜、いないと思うよ。

キ　噺家さんと比べようとしたのが悪かったかな。噺家さんの毎日はある意味、ハレの日が続いているわけですもんね。だからプレゼントも受け取りやすい。

師　そうかもね。

キ　でも一般の方だと、なかなかもらう機会って少ないように思うんです。さが美さんも書いているように、旅行の後や誕生日のときくらいで。これはハレの日だから、プレゼントをもらっても腑に落ちると思うんです。

師　なるほど。

キ　だけど、普段の日に急にプレゼントされると「なんで？」って最初に思ってしまう気持ちもわからなくもないです。相手の腹を探ってしまう気持ちになって、そういうふうに思っている自分にも疲れるし、お礼やお返しで悩まないといけないのなら、いっそプレゼントなんていらないって思ってしまう。

師　はいはい。

キ　さが美さん自身も断るのは失礼だということはわかっているから、悩んでいるんだと思います。

師　プレゼントを断るよりは、もらうのに慣れるほうが楽だと思うけどな。

キ　楽ですか……

師　ちゃんと「ありがとう」を言える人になろうよ。

キ　もらったときと次に会ったときに…ですよね。

師　そう。もらいっぱなしじゃ自分も気持ち悪いじゃない。だからこそのお礼ですよ。

キ　そうなんですよね。だけど、さが美さんはそのことをずっと気にしているってことが…

師　めんどうくさいんでしょ、すごく。

キ　はい。そもそもプレゼントをもらわなければ、そんなこと考えなくても済んだわけですからね。

タ　薄っぺらな人間関係なのかな、この人は……

キ　急になに言い出すんですか、高成さん！　……う～ん、私は人間関係が希薄なのとは少し違うような気がしてるんです。

師　というと？

キ　この質問で重要なところは、相模原さが美さんが大学生というところなのかなと。社会人になってお金に少しは余裕が出てきたら、自分もかわいいと思うものを買ってお返しすれば、お互いの「かわいい」を交換できて楽しいじゃないですか。

師　プレゼントを介してのコミュニケーションね。感覚が似ていればより楽しいよね。

キ　だけど大学生って、いつも金欠気味じゃないですか。私はすごく貧乏だったのですが、お礼しか言えないって友だち同士でも辛いんですよね。

師　なるほど。

キ　さが美さんの場合も、「かわいい」の交換もできずにお礼を言ってばかりだと、プレゼントなんていらないのになぁって思うようになるかもしれません。

師　貧乏だからお返しできないというのは、キッチンの実体験に寄りすぎてないか？

タ　女子大生だったら、お返し選びのセンスに自信がなくて悩む…という理由もありそうですね。

キ　ああ、なるほど。そういうふうに思うこともあるのか。

師　理由はひとつじゃないかもね。

キ　もらうのに慣れるには「ありがとう」を心がけよ…と言うことでしたが、今まで言ってこなかったとしたら「ありがとう」を自然と言えるようになる努力も必要ですよね。

師　そうね。

キ　自然にお礼を言えるようになるまでは、やっぱり「さりげなく断る」方法が必要かもしれません。

師　断ると双方が傷つく可能性が大だからなぁ、相手も今までのはなんだったんだって寂しくなっちゃうだろうし。……友だち関係は続けたいんでしょ？

キ　だからこそ、さりげなく断りたいんです。切実なんです。

師　……わかりました。一之輔流ミラクルな断り方を教えましょう!!

キ　おお〜ッ！　ぜひ!!

師　それは、あなたの手が空いているからいけないんです。

キ　手が空いているから……いけないの？

師　だから、ずーっと**両手いっぱいの荷物を持って**生きてりゃいいんです。

キ　両手に荷物っ!?

師　もう、これ以上は持てませんよ！……って感じで。袋からネギやフランスパンを出してさ。

キ　買い物帰りみたいな感じで？

師　そう。両肩からは袈裟懸けでバッグをぶら下げて。汗をダラダラかいて。その姿を見たら、友だちだってプレゼントはなかなか渡しづらいでしょ。

キ　そ、そうですね。プレゼント以前に近寄り難いかもしれないですが……

師　それでも相手が「これ、カワイイから！」って懐にプレゼントをグイグイ入れてきたらさ、そのときは断ってもいいよ。「ちょっと待ってよ！こんだけ荷物持ってんだから受け取れないし、あなたどうかしてるよ！一事が万事よ!!」……って言っていいと思うよ。

キ　状況が状況ですからね。

師　こうすることで、相手がただプレゼントをあげたい人なのかどうかよくわかるから。

キ わかりますか……？

師 わかる。それでもし友だちが「そうだね、ごめん！」って謝ってきたら、「いつもありがたいけど、今は状況も状況だし、これからもそんなに気を遣わなくてもいいよ」って一言、言えるじゃない。そうすれば、そこから新しい関係を築けるでしょ。

キ そうですね。

師 それでも「まぁまぁ」とか言ってポケットにグイグイ差しこんできたり、口にくわえさせようとしてきたら、この人は「ただあげたいだけの人」、決定！

キ 間違いないでしょうね。自分がプレゼントをあげたいという気持ちが、相手への気遣いよりも勝っているってことですからね。それならば、プレゼントをもらったとしても別にこちらからも気を遣う必要は…

師 なし！　向こうはプレゼントをあなたにあげたいだけなんだから。これからは安心して気楽にプレゼントをいただきましょう！　いつものオレみたいに。

キ　師匠はいつも両手いっぱいのプレゼントですもんね。

師　へへへ……

この両手、
いっぱいの荷物を。

22

新鮮な気持ちを失わず、日々の仕事に取り組みたい

今回のお悩みは、仕事への心構えについて。誰もが各々の仕事のプロとして挑み続けるなかで共感するであろう、あの悩みに答える一之輔師匠。日々落語に向き合う師匠の言葉は、読者にどう響くのか……。

キ　……季節も夏から秋へシフトして来ていますが、「秋になったらこれは必ず食べたい！」っていうものはありますか？

師　戻りガツオ！　11月に高知で独演会やるんだよ。食いたいよね〜。

キ　それは美味しいでしょうね〜。高知はカツオが有名ですからね。土佐の一本釣り！　また、その時期は高知での戻りガツオの旬ですもんね。

師　そうそう、あとはなんといってもサンマ!!

キ　いいですね〜。脂ののったサンマ。想像するだけでもよだれが出てきそうです。

師　この時期、サンマは週2回は食うよ。かみさんも好きだからね。朝からサンマよ。

キ　朝から！　骨が多いですけど、お子さん達は平気なんですか？

師　大丈夫みたい。半分ずつだけど、よく食べるよ。

キ　サンマはどうやって調理するんですか？

師　そりゃ塩焼きだろ。悪いけどオレは、豊島区［注1］でサンマの食べ方が一番うまいよ。

キ　別に悪くはないですけど、豊島区で一番とは言い切りましたね。そこまで言うなら、上手に食べるコツがあれば教えてください。

師　とりあえず全部食うんだよ。固いところも全部。

キ　全部…え〜と、それって食べ方が上手っていうよりも、胃が強いだけというか…中骨も食べちゃうってことですか？

師　それは残さないと。礼儀として。

キ　……礼儀？

師　そりゃあ食おうと思えば食えるよ。だけどさ、そこは礼儀だから。

［注1］東京都豊島区の人口は約29万人。

キ　う〜ん、誰に対する礼儀？
師　サンマ師匠。……魚のサンマに敬意を表して。「師匠」は敬称ね。
キ　はぁ、敬意ですかぁ……でもたしかに、お皿に残ったまっすぐな中骨は綺麗だなぁと思います。
師　おうよ。
キ　……そういえば師匠は『目黒のさんま』を演っているイメージがあまりないのですが？
師　そうね。あまり演らないよね。年に一回かけるかどうか。
キ　なにか理由でも？
師　オレのバージョンは、他の人たちが演るのと違うんだよ。単語が多いの。だからめんどくさいの。
キ　へー。そう言われるとなおさら聞いてみたくなります。
師　それに、そんなに面白くないんだよね。
キ　あぁ、そうなんですね。
師　……おい。
キ　はい？

師　「そうなんですね」っじゃねーよ！

キ　え!?　あ…すみません。

師　びっくりだよ。そこは普通、「いやいや、そんなことないと思いますよ」って答える場面でしょ。それを素直に、なるほどって…

キ　なにしろ聞いたことなかったんで、本人が言っているので単純にそうなのかなと思って…違うんですか？

師　違うでしょ、そこはさ！　ここまでくると素直なのも考えものだよね。

キ　難しいなぁ。話をそのまま聞いていればいいってものじゃないんですね。

師　そう。「素直がいちばん」ってあれ嘘だから。

キ　嘘ですか……

師　素直すぎる奴が横にいてごらん。すげー腹が立つから。

キ　あ〜、たしかに。

師　バカ！　お前のことだよ!!

キ　へいへい、すみませんでした。……もう、いちいちうるさいなぁ〜。

師　あ〜、今度はぜんぜん素直じゃないッ！

師に問う

私は、学校で学生たちの相談を受けて対応する仕事に就いています。自分で望んで就いた仕事ですが、時折、毎日毎日相手は異なっていても、同じように同じスタンスで対応している自分に、もっと真摯に新鮮な気持ちを失わずに取り組まなきゃと思いつつも、出来ていなくて落ち込みます。プロなのだから、対応のクオリティを落とさずに、出来る限りのことを提供できるよう心掛けてはいますが、日々の繰り返しの中で、「あ、やっつけで対応してしまったな…」という瞬間がたしかにあります。相談の内容がどうであれ、プロとしての仕事をせねばいかんなぁと日々反省し、試行錯誤を繰り返しています。師匠は、日々落語に取り組む際に、新鮮な気持ちを失わないよう心掛けている事はありますか？

（はにまる／40歳／女性／神奈川県）

師　……同じことを思うこともあるよ。

キ　「やっつけ」になっているなぁと…

師　そうだね。

キ　そういうときはお客さんの反応は違うものなんですか？

師　そういうときでもさ、噺は毎回違うものだから、それなりの反応はちゃんと返ってくるけれど。

キ　やっつけになっていると思うかどうかっていうのは、お客さんの反応ではなく自分の中の問題だということなんですね。

師　そうそう。……だけどそれがプロなんじゃないのかな。

キ　「やっつけ」でもやり続けるということがですか？

師　ずーっと続けることがね。同じことの繰り返しを「やっつけ」と言ってしまうのか、「型」と言えるのかの違いだと思う。

キ　「やっつけ」と「型」？

師　どんな落語の演目でも、導入はいつも同じだったりするわけでしょ。そこから先でしょ、変わっていくのは。カウンセラーだって導入は同じで、そこから先、話がどう転ぶかでしょ。

キ　カウンセラーと落語家は似てるんですね。そうか、「型」かぁ……

師　自分のスタイルと言ってもいいと思うけど。「同じように同じスタンスで対応している」って書いてあるけど、これこそが自分の型ができているってことなんじゃないのかな。

キ　なるほど。

師　いつも異なる人が相手なのであれば、最初は相手がどういう人なのかわからないといけないんだから「同じように同じスタンス」で相談を始めるのは良いことだと思う。落語と一緒で、最初は同じやり方で始めて、話をしているうちに今日のお客さんはこういう感じかというのを掴んでから、臨機応変に話に変化をつけていけばいいと思う。

キ　同じやり方で話し始めるからこそ、相手の違いがわかりやすいってことですね。

師　そうそう。そこでの反応を踏まえて、その先はだんだんと型を破っていけばいいんだよ。

キ　そう言われてみると、私も取材で初めて会う人には、はっきり名前を言ってから名刺を渡すようにしています。名前に驚くだけの人もいれば、突っ込んでくれる人もいる。まったくスルーする人も。その反応によって撮影の進め方を、微妙ですが変えています。

師 それもひとつの型だね。きっとどんな仕事でも、その人なりの型があるんじゃないかな。……だけどこの人の悩みは、最後まで変化をつけずに型どおりでやってしまうってことなのかな。

キ そうかもしれません。毎日ではないと思いますが、時々そういう日があるって感じなのかもしれませんね。

キ それから、「日々落語に取り組む際に、新鮮な気持ちを失わないよう心掛けている事はありますか?」という質問ですが?

師 新鮮な気持ち? ないよ。むしろ高座に上がって落語をやっているうちに新鮮になっていくんだよ。

キ ……なんかサラッとすごいこと言いましたね。

師 だって毎日落語を演っているのに、最初からいきなり新鮮!……っておかしいでしょ。常に新鮮なところから走り始めるヤツは逆にヤバいよ。

キ ……ヤバい?

師 常に新鮮なヤツって、要するに「おぼつかない」ってことだからね。最

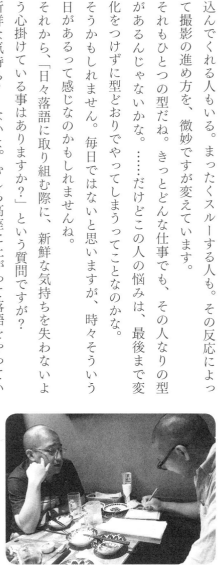

初は新鮮じゃなくていいのよ。話が進むにつれて新しい展開があったり発見があったりして、どんどん新鮮に感じるようになるわけ。

キ なるほど…言われてみれば、そうですね。師匠の落語が進化し続けているところが感じるのは、そういうところにあるのか。

師 「噺とダンスを踊る」ってよく言うんだけどさ。

キ ……噺と…ダンス？

師 そう。ダンスって、たくさんの女性の中からパートナーを一人選んで踊るわけでしょ。

キ はい。

師 最初は型どおりに踊る。そうしないと相手もどうしていいかわからないから。それで徐々にノッてきたら、緩急つけて踊ったりする。すると、周りの人がワーッて拍手喝采してくれるわけ。

キ なるほど。

師 落語だって同じ。たくさんの噺の中から一つ選んで、最初は型どおりに始めて、お客さんの様子だったり天候のことだったりを感じながら、だんだんノッてきたら緩急をつけたり、アドリブ入れたり、噺とダンスをするように相手（噺）を気持ちよくさせるように導く。独りよがりにならないように。

キ　うわぁ〜、なるほどなぁ。最初は型から入ってお客さんの雰囲気を掴んだら、その流れの中で噺を展開していくのか。お客さんの気持ちから離れないように、噺を壊さないようにしながらだんだんに自由になっていく。いつもの噺が、途中から新しい噺になっていく、だから新鮮に感じられるんだ。

師　ええ、そうなんです。じつは高座でクルクル踊っているんです、オレは。

キ　「噺とダンスを踊る」かぁ……すごい名言だ！　ちなみに、これは誰がおっしゃった言葉なんですか？

師　なんでだよ、オレだよ!!

キ　あはは、師匠でしたか。あまりに心に響く言葉だったので、てっきり代々語り継がれてきた名言なのかなと。

師　おいッ！

キ　「噺とダンスを踊る」かぁ……これって、はにまるさんのお仕事にも通じるところがありそうですね。

師　あると思うよ。毎回新しい学生さんとダンスするつもりで。最初は自分の型を守りつつ、次第に相手に寄り添い、導いていく。

キ　そして新鮮な気持ちで学生さんと対峙していく！

師　一度うまくいかなくてもまた次がある。この人は試行錯誤を日々続けているんだから大丈夫。新鮮な気持ちなんて後からついてくるから。……だから、最初に相談しにくる学生さんと目が合ったら心の中でこうつぶやきましょう。「**Shall we dance ?**」と。

キ　日々、学生さんをダンスに誘うようにかぁ。はにまるさんも型を大事にして、今よりもっと新鮮な気持ちで踊れるようになるといいですね。

師　そうだね。ファイト〜！

キ　……いや〜、今回は師匠の「噺とダンスを踊る」という名言に震えましたよ。

師　震えた？

キ　はい。そういう気持ちで高座に上がって噺とペアを組んで踊り続けているからこそ、「ザ・一之輔落語」が生き生きと私たちに迫ってくるんだなぁと。震えの余韻がまだ残っています。

師　じゃあ200円ね。

キ　はい？　お金をとるんですか？

師　あたりめーだ。空港のマッサージチェアだって、必ず震え料を取ってるじゃねーか。

キ　…………

相談者のその後

学生たちが来ると、心の中で「Shall we dance?」と呟いています。これはもう私のテーマ曲、カラオケでも必ず歌っています…英語で。

Shall we dance?

SONY

おわりに

２０１８年１月30日の朝８時30分――

私は一之輔さんの家の前にいた。その時になってようやく気がついたが、手土産を持たずに今日も来てしまった。まいったなぁ……まぁしようがないか。ドアベルを鳴らす。返事を待つ前に、私は勝手にドアを開けて家に入った。

チェックの寝間着でコーヒー豆を挽く一之輔さんが、こちらに目をやる。

「なんだよ朝から」

「おはようございます！　まだどこにも通ってない企画を持ってきました！」

「企画は通してから持ってこいよ。オレは忙しいんだから！」

なるほど、この人は一分一秒も惜しいのだ。コーヒー豆を挽く手を止めない一之輔さん。私は企画の説明を、大きな声でしなくてはならなかった……。

２０１６年の一年間、毎月ついたちの一日中、朝から晩まで一之輔さんを追っかけ回しました。これは私にとってとてもいい経験で、売れっ子噺家の多忙さを身をもって経験することができました。そして、普通に生活をしている中から一之輔落語は生まれていることがよくわかったのでした。

普段の生活の中で一之輔さんは時々ふとした瞬間に光り輝く言葉をポロリと産み落とすことがありました。そしてそれはまるで温泉が長い時間をかけてミネラルをいっぱい含んで地表に湧き出るように、春風亭一之輔の中から時間をかけて滲み出てきたものばかり。

私は嬉しくなってノートにメモをし続けました。それが２０１７年３月に刊行した『春風亭一之輔の、いちのいちのいち』の中の「一之輔動静」になりました。

私は考えました。

この言葉が滲み出て来るのを待つのではなく、こちらから絞り出してみたらどうなるか……奇しくも一之輔さんはこの時40歳の誕生日を迎えたばかり。孔子さんは言いました。「四〇にして惑わず」と。それなら迷える我ら現代人の悩みを「不惑・一之輔」にぶつけてみたらどうだろうか。そんな試みからこの『師いわく』は生まれたのでした。

この本が、相談者さんの心を温泉につかっているかのように温め、また「春風亭一之輔」という源泉を多くの読者さんと共有できたら、こんなうれしいことはありません。

最後になりましたが、多種多様なたくさんのお悩みを送ってくださった方々、文章の校正など最後まで粘り強く付き合ってくださった編集の髙成さん、いい本になるように色々と提案してデザインに落とし込んでくれたデザイナーの菅さん、楽しんで表紙やパラパラ漫画を描いてくれた妻でありイラストレーターの得地直美、みなさんありがとうございました。

そして毎回、想像を超える金言を絞り出した一之輔さん、「さすが」でした。連載はまだ続いていきます、これからも「さすがですね」と言わせてもらいますんで。

２０１９年１月11日

キッチンミノル

初出　『師いわく　～不惑・一之輔の「話だけは聴きます」』
小学館のウェブマガジン BOOK PEOPLE にて 2018 年 4 月 10 日～ 9 月 25 日公開

『春風亭一之輔　師いわく』

2019 年 3 月 5 日　初版第1刷発行

著者：春風亭一之輔　キッチンミノル

発行人：野村敦司

発行所：株式会社 小学館
〒 101-8001　東京都千代田区一ツ橋 2-3-1
編集：03-3230-5449　販売：03-5281-3555
印刷所：凸版印刷株式会社
製本所：株式会社若林製本工場

ISBN978-4-09-388674-1

企画：キッチンミノル
師の金言の写真：キッチンミノル
装丁・デザイン：菅 渉宇（スガデザイン）
レイアウト補助：小島伸行
イラスト：得地直美

制作：木戸 礼　高柳忠史
資材：斉藤陽子
販売：小菅さやか
宣伝：島田由紀
編集：髙成 浩